高职高专"十三五"规划教材

民航运输类专业系列教材

机场贵宾接待

JICHANG GUIBIN JIEDAI

胥郁　罗良翌　主编　　李元元　副主编

化学工业出版社

·北京·

《机场贵宾接待》包括机场贵宾接待概述、机场贵宾服务心理及礼仪、机场贵宾服务人员的素质培养、机场贵宾服务管理规范、贵宾值机等地面服务、机场贵宾厅硬件环境认知、机场贵宾厅接待、贵宾客舱服务接待、机场贵宾接待服务创新九个章节。本书结合行业内的岗位实际操作规范与新的行业变化，对机场贵宾接待服务的实践环节做了全面介绍，注重实务，示例丰富，便于操作，易于掌握。为方便教学，本书还配有电子课件。

本书适合作为职业院校空中乘务、航空服务、安检、民航运输等专业的教材，也适用于对民航服务感兴趣的读者，还可供行业内人士参考。

图书在版编目（CIP）数据

机场贵宾接待/胥郁，罗良翌主编．—北京：化学工业出版社，2017.9（2022.2重印）
高职高专"十三五"规划教材
ISBN 978-7-122-30290-8

Ⅰ.①机… Ⅱ.①胥…②罗… Ⅲ.①民用航空-商业服务-高等职业教育-教材 Ⅳ.①F560.9

中国版本图书馆CIP数据核字（2017）第174257号

责任编辑：旷英姿　　　　　　　　　　文字编辑：李　曦
责任校对：王　静　　　　　　　　　　装帧设计：王晓宇

出版发行：化学工业出版社（北京市东城区青年湖南街13号　邮政编码100011）
印　　装：三河市延风印装有限公司
787mm×1092mm　1/16　印张11　字数240千字　2022年2月北京第1版第5次印刷

购书咨询：010-64518888　　　　　　　售后服务：010-64518899
网　　址：http://www.cip.com.cn
凡购买本书，如有缺损质量问题，本社销售中心负责调换。

定　价：27.00元　　　　　　　　　　　　　　　　　　　　版权所有　违者必究

前言 FOREWORD

　　改革开改以来,中国经济持续多年以约9%的年增速高速增长,而其中民航业平均年增速更是达到了13%。民用航空事业的高速发展,带来了一系列相关行业包括飞机制造、航空公司、机场建设等的发展,而中国机场贵宾服务行业,作为民航业的核心相关产业,也得益于这一浪潮,发展迅速。

　　机场贵宾服务是民航机场为旅客提供的一项重要服务功能,承担着为政务要客、商务贵宾及航空公司两舱旅客提供优质、快捷、个性化服务的重要职责。自1958年诞生以来,贵宾服务经过了59年的发展,在行业规模、业务结构、保障能力等方面取得了重大的突破,在民航业的发展中也发挥出了越来越重要的作用。本书从机场贵宾需求心理入手,通过分析中国高端人群偏好,详细介绍了机场贵宾接待礼仪、服务管理规范、贵宾值机等服务、贵宾厅环境及接待程序、贵宾接待服务创新等知识。

　　鉴于目前国内系统介绍机场贵宾接待知识的高职高专教材较少,故编者在参阅部分航空公司和机场规章及培训教材的基础上,结合我国航空运输企业提供服务的现状,编写了本教材。

　　本书由长沙航空职业技术学院胥郁、西安航空职业技术学院罗良翌任主编,长沙航空职业技术学院李元元任副主编,全书由胥郁负责统稿。具体编写分工如下:本书的第一章、第二章、第三章、第八章、第九章由胥郁编写;第四章、第五章由李元元编写;第六章、第七章由江南影视艺术学院邱维编写;深圳航空有限责任公司的陈琴为本书提供素材,并对本书的编写提出了宝贵的建议。

　　本书在编写过程中,参考了一些业内外人士的观点、书籍和文章。在出版之际,谨向上述有关单位和个人表示衷心的感谢。

　　由于编者水平有限,书中难免存在疏漏和不妥之处,恳请读者和专家批评指正。

编　者

2017年6月

CONTENTS

目 录

第一章 机场贵宾接待概述 — 001

第一节 机场非航空性业务 — 001
一、机场非航空性业务定义、分类及收入 — 001
二、机场非航空性业务的地位和作用 — 003
三、国内机场非航空性业务经营发展 — 005

第二节 机场贵宾服务概述 — 008
一、机场贵宾服务的内涵 — 008
二、机场贵宾服务产品的特点 — 009
三、机场贵宾服务的基本内容 — 010

第三节 我国机场贵宾服务现状及发展战略思考 — 012
一、我国机场贵宾服务整体发展情况 — 012
二、典型机场贵宾服务发展模式分析 — 013
三、我国贵宾服务发展战略的思考 — 015

课后思考题 — 016

第二章 机场贵宾服务心理及礼仪 — 017

第一节 贵宾服务需求心理 — 017
一、贵宾基本需求心理 — 018
二、贵宾服务需求分析 — 019

第二节 贵宾服务接待要求 — 022
一、贵宾接待过程的分析 — 022
二、贵宾服务任务要求 — 023
三、贵宾服务素质与技能要求 — 023

第三节 贵宾服务礼仪 — 026

一、仪容标准	026
二、着装规定	029
三、仪态标准	030
四、表情神态	032
课后思考题	034

第三章 机场贵宾服务人员的素质培养　　Page 035

第一节　机场贵宾服务人员的素质要求	035
一、人的素质取决于三大要素	036
二、机场贵宾服务人员的基本素质	036
第二节　亲和力的培养	038
一、亲和力的内容	039
二、亲和力的培养	039
第三节　观察和领会能力的培养	041
一、观察力的要点	041
二、运用观察力做好机场贵宾服务工作	042
三、细心领会机场贵宾服务工作	043
第四节　表达和沟通能力的培养	044
一、表达能力概述	044
二、语言表达的技巧	045
三、语言表达能力的培养	046
四、沟通能力的培养	046
第五节　应变处置能力	048
一、敏锐的政治鉴别能力	049
二、快速的应急反应能力	049
三、高度的协同配合能力	049
四、应急设备的使用能力	050
五、熟悉本机场（航空公司）应急救援预案	051
课后思考题	051

第四章 机场贵宾服务管理规范　　Page 052

第一节　贵宾服务管理标准	052
一、工作设置（含设置图）	053
二、工作责任	053
三、工作标准	057

第二节　贵宾服务保障流程　　059
　　　　一、贵宾服务的需求识别　　059
　　　　二、贵宾服务的保障原则　　060
　　　　三、国内航空公司的贵宾服务保障流程　　060
　　第三节　航前、航后服务信息规范　　066
　　　　一、航前信息传递规范　　066
　　　　二、座位预留规范　　067
　　　　三、保障方案组织规范　　067
　　　　四、航后服务规范　　068
　　课后思考题　　069

第五章　贵宾值机等地面服务　　070

　　第一节　贵宾值机服务　　070
　　　　一、引导协助服务　　070
　　　　二、值机服务操作　　071
　　　　三、特殊情况处理　　073
　　第二节　贵宾行李服务　　073
　　　　一、行李运输的一般规定　　073
　　　　二、贵宾行李收运的流程　　076
　　　　三、行李不正常运输　　077
　　第三节　贵宾安检服务　　079
　　　　一、机场安检工作的规定　　079
　　　　二、贵宾安检工作流程　　081
　　　　三、特殊情况的处理　　084
　　第四节　航班不正常服务　　085
　　　　一、服务保障原则　　085
　　　　二、服务保障标准　　085
　　模拟练习　　087
　　课后思考题　　087

第六章　机场贵宾厅硬件环境认知　　088

　　第一节　贵宾厅硬件环境构成　　089
　　　　一、独立高端出港服务区　　090
　　　　二、未设立独立服务区域航站的柜台要求　　093

第二节　贵宾厅设施设备　　　　　　　　　　095
　　　　一、总体标准　　　　　　　　　　　　　095
　　　　二、休息区标准　　　　　　　　　　　　096
　　　　三、商务阅读区标准　　　　　　　　　　097
　　　　四、独立休息间硬件标准　　　　　　　　098
　　第三节　贵宾休息室的餐食条件标准　　　　　100
　　　　一、餐食标准　　　　　　　　　　　　　100
　　　　二、餐台、餐具设备标准　　　　　　　　101
　　　　三、其他区域硬件标准　　　　　　　　　103
　　课后思考题　　　　　　　　　　　　　　　　107

第七章　机场贵宾厅接待　　　　　　　　　　Page 108

　　第一节　贵宾厅各岗位接待规范　　　　　　　108
　　　　一、贵宾厅服务的基础规范　　　　　　　108
　　　　二、电梯及楼梯引导岗位规范　　　　　　109
　　　　三、厅房、包间服务规范　　　　　　　　111
　　第二节　贵宾厅接待流程　　　　　　　　　　114
　　　　一、迎客　　　　　　　　　　　　　　　114
　　　　二、自我介绍　　　　　　　　　　　　　115
　　　　三、就座服务　　　　　　　　　　　　　115
　　　　四、饮料服务　　　　　　　　　　　　　116
　　　　五、酒水服务　　　　　　　　　　　　　117
　　　　六、餐食服务　　　　　　　　　　　　　118
　　　　七、送客　　　　　　　　　　　　　　　119
　　第三节　贵宾厅广播服务　　　　　　　　　　119
　　　　一、登机广播（流动）　　　　　　　　　119
　　　　二、登机（催客）广播　　　　　　　　　120
　　　　三、航班变化通知　　　　　　　　　　　121
　　　　四、其他情况广播　　　　　　　　　　　121
　　模拟练习　　　　　　　　　　　　　　　　　123
　　课后思考题　　　　　　　　　　　　　　　　124

第八章　贵宾客舱服务接待　　　　　　　　　Page 125

　　第一节　两舱环境介绍　　　　　　　　　　　125

一、国外航空公司两舱环境		126
二、国内航空公司两舱环境		130
三、两舱服务设施及用品		134
第二节 两舱服务工作流程		137
一、航前准备阶段		137
二、直接准备阶段		139
三、空中实施阶段		139
四、航后讲评阶段		140
第三节 两舱供餐程序		140
一、餐前准备		141
二、上餐流程		142
三、餐后清理		149
课后思考题		152

第九章 机场贵宾接待服务创新　　Page 153

第一节 机场贵宾服务创新发展的基本路径	153
一、个性化服务是贵宾服务业的发展方向和拓展空间	154
二、精细化经营是贵宾服务业发展的根本路径和关键	154
三、人性化管理是贵宾服务业稳定队伍凝心聚力的根本	155
第二节 机场贵宾服务业务发展创新	156
一、运用收益管理重塑目标客户	156
二、战略发展方向	158
三、业务创新策略	160
第三节 机场贵宾服务商业模式创新措施	161
一、基于市场导向设计服务产品	161
二、构建网络平台，拓展营销渠道	163
三、匹配业务转型，寻求合作伙伴	165
课后思考题	166

参考文献　　　Page 167

第一章

机场贵宾接待概述

学习目标

1. 熟知机场非航空性业务的定义及分类，了解其地位与作用及我国机场非航空性业务的发展现状；

2. 掌握机场贵宾服务的内涵，分析其产品特点，重点了解机场贵宾服务业务内容；

3. 把握我国机场贵宾服务整体发展情况，熟悉典型机场贵宾服务发展模式，明晰我国机场贵宾服务发展战略。

机场贵宾服务是民航机场为旅客提供的一项重要服务功能，承担着为政务要客、商务贵宾及航空公司两舱旅客提供优质、快捷、个性化服务的重要职责。自1958年诞生以来，贵宾服务经过了59年的发展，在行业规模、业务结构、保障能力等方面取得了重大的突破，也在民航业的发展中发挥出了越来越重要的作用。当然，从业务领域来看，机场贵宾业务从属于机场非航空性业务范畴，且日益成为机场非航空性业务中不可或缺的重要组成部分。本章首先从机场非航空性业务展开分析，重点阐述机场贵宾服务内涵，并简要概述我国机场贵宾服务整体发展情况、发展思路等。

第一节　机场非航空性业务

一、机场非航空性业务定义、分类及收入

1. 机场非航空性业务定义及分类

机场非航空性业务是相对于机场航空性业务提出的。机场航空性业务，一般是指机场为

航空器安全起降、停放、检测维修、航空客货运输提供直接服务的业务，具有较强的民航行业特征和专业技术特征，可替代性不强。

机场非航空性业务，一般指机场为在机场范围内的顾客提供的航空性业务以外的服务业务，主要包括机场商业零售、餐饮、医疗、行李打包、电瓶车和手推车、银行、物业租赁、广告、地面运输、旅业、停车场、汽车加油（气）服务、航食配餐、绿化、保洁、候机楼内无线网络通信等，一般具有较弱的民航行业特征和专业技术特征，可替代性较强。

机场航空性业务与非航空性业务的区别，见表1-1。

表1-1　机场航空性业务与非航空性业务的区别

项目	依托资源	市场化程度	经营主体	机场收入实现方式
航空性业务	飞行区、航站楼	市场化程度低，政府定价	机场当局	机场当局提供服务并向客户收取服务费
非航空性业务	机场范围内的土地及建筑物（包括飞行区、航站楼）	政府管制较松，绝大部分可通过市场定价	各专营商	机场当局以特许经营权或租赁的形式向专营商收取资源费

机场非航空性业务可分为收费和付费两大类型。机场付费型的业务，如绿化、保洁等。机场收费型的非航空性业务则主要包括商业零售、餐饮、贵宾服务等项目，这些业务不但具有非航空性业务的一般特征，还具有发展潜力大（可产生收益空间大）、业务种类较多、业务之间联系较少等特点。

2. 机场非航空性业务收入

机场非航空性业务收入大致分六部分：地面交通集散地（停车场、物流园区）、候机楼商贸（多为特许经营）、办公场所、贵宾厅、IT、广告。

机场航空性业务和非航空性业务收入见表1-2。

表1-2　机场航空性业务和非航空性业务收入

航空性业务	非航空性业务	
A　起降服务（跑道）	A　航空地面服务（地服、设施及办公场地租赁）	E　商业（零售、餐饮、娱乐、便利服务）
B　停场服务（停机坪）	B　航油及配餐	F　广告服务
C　旅客服务（航站楼设施）	C　地面客运交通集散（停车场、码头、公交运输）	G　贵宾服务
D　安检服务	D　地面货物集散及处理（货站、物流设施及服务）	H　IT信息服务 I　其他服务

（1）地面交通集散地　一般多为停车场收入，近几年来，物流园区也开始贡献价值。

（2）候机楼商贸　多为采用招标的方式选定的候机楼内的商店、餐厅、酒吧以及机场内的酒店、汽车租赁、航空配餐、行李分拣公司、货运代理等的租金。不过国际的经验显示，并不是谁报价最高谁就中标，因为投标者的素质、服务水平、商品价格的合理性等因素对机场的形象和利益都有着十分重要的影响。因此，多在招标前由机场事先遴选出服务水准合格的投标人参加竞标,通过竞争选出对机场更为有利的投标者,从而获得更大的利润。在租金的收取上机场和参与机场商业经营的客户之间的契约关系都较为灵活:有的按占地面积收取固定租金;有的按销售额的一定比例提成;有的客户的产品则采取试销的方式只收取少量的保证金;对于少数确实经营有困难的经营者,机场主动给他们提供必要的帮助。不过同时机场(如曼彻斯特国际机场、戴高乐国际机场)严格规定候机楼内所有商品的价格不得高于市区同类的价格,以确保机场的商业竞争力;同时,争取更多声誉好的品牌公司进入候机厅,这样不仅能防止商业暴利,而且也能给机场带来良好的商机。

(3)办公场所　在候机楼对外租赁的除了商业铺位外,还有为航空公司和其他办公单位提供的办公间、会议和商务活动使用的办公套房(suite)(有些公司把它租赁下来从事这一活动),以及设施设备齐全的会议厅。像白云国际机场和香港国际机场内的办公场所地价都超过了市中心的价格。

(4)贵宾厅　在机场除了有航空公司为头等舱和商务舱的客人提供服务的贵宾厅外,部分机场也会为所有旅客提供有偿服务的贵宾厅。不同的贵宾厅有不同的服务功能。一般提供有偿服务的贵宾厅虽面积不大,但功能很全,即办公、休息、餐饮,工作人员可同时为不同需求的旅客提供不同的服务侧重,使贵宾厅高效地运转。

(5)IT　由于信息技术(IT)与机场服务需求质量特性中的功能性、安全性、时间性和舒适性等密切相关,因此在机场被广泛地运用,大部分的机场内企业都租用可能由专门IT公司开发的系统。例如,机场的商店管理者通过候机楼各商户的计算机收费结算网络系统,及时掌握商户的商业运作动态。

(6)广告　没有哪个国家的机场管理公司的广告收入占非航空性业务收入有国内的机场集团高,但不可否认这是块大蛋糕。甚至在国内,常提到的非航空性业务就基本默认为是谈机场的广告业务。

二、机场非航空性业务的地位和作用

20世纪80年代以后,主要欧美国家普遍放松对民航业管制,积极推行"天空开放"政策,大规模机场建设带来的资金压力也使各国政府开始寻求多样化的融资途径。在此背景下,以英国为代表的欧美国家掀起了机场私有化浪潮。随着主要机场日益成为独立的商业化经营主体,谋求盈利增长成为机场投资者的重要目标。但是单纯的航空业务并不能满足盈利增长的要求:一方面,随着航空流量增加和航空技术升级,主要机场均面临持续的机场建设要求,且机场运营成本不断提高;另一方面,从全球范围来看,在机场流量增长相对有限的前提下,尽管主要机场在区域市场中占据举足轻重的地位,但由于政府管制、机场竞争和航空联盟的强大砍价实力以及航空公司与机场结成战略联盟等原因,主要机场极少通过增加机场收费等来提高航空性业务收费的手段,而是寻求从机场非航空性业务着手提升盈利水平。在需求多样化和机场盈利增长要求的共同驱动下,全球主要机场已经由单纯的"机场"转变为人流物流集聚、商业休闲功能齐备的"航空城"。非航空性业务替代航空性业务,成为枢纽机场盈利的主要来源。

1. 非航空性业务占比不断提高

以我国香港国际机场为例，1999/2000财年至2005/2006财年，香港国际机场旅客吞吐量年均递增5%，而机场收费年均递增仅为2.5%，机场收费在总收入中的占比由45.7%下降到2005/2006财年的37.9%，下降了7.8个百分点。与此同时，2005/2006财年由特许经营、商业、地产等带来的非航空性收入占比已达到62.1%。事实上，从全球其他主要机场看，非航空性收入占比提高的趋势同样明显。目前全球机场非航空性收入的占比大多超过50%。德国法兰克福国际机场这一比例甚至高达67%（图1-1、图1-2）。

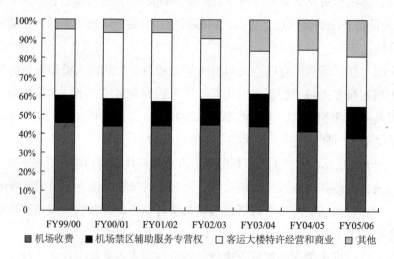

图1-1　香港国际机场收入构成（1999～2005年）

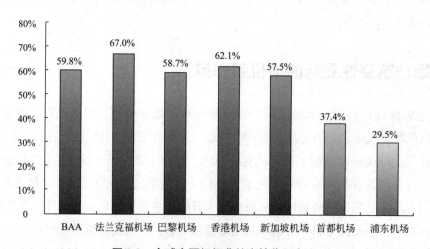

图1-2　全球主要机场非航空性收入占比

2. 与航空性业务相比，非航空性业务具有更高的盈利能力

在非航空性业务经营方面，全球主要机场普遍采用了特许经营等模式，将商业、餐饮、广告，以及机场禁区内的辅助服务等业务交由具有较强品牌实力的专业机构经营，机场则通

过"保底+收入分成"等模式收取特许经营费、专营费等。通过特许经营等模式，一方面受益于专业化和服务品质提高，机场商业机会得以不断拓展，机场也可以通过收入分成机制分享非航业务的扩张；另一方面，机场最大限度地节省了资源占用，盈利能力反而大幅提高。以德国法兰克福国际机场为例。2005年，零售和物业占总收入比例仅为17.9%，而占EBIT的比例则高达58.5%；而与此同时，航空性业务占收入和EBIT的比例则分别仅为33.0%和30.2%。

3. 全球主要机场向"航空城"的转变归根结底是需求多样化的必然结果

一是机场集聚了大量的高端商务旅客和消费者，除了单纯的出行需求外，机场旅客也具有在机场内购物、餐饮、商务、休闲等需求。二是机场集聚了大量的高附加值货物，为了提高效率、节约物流成本，相关企业具有在机场附近进行货物处理、加工的需求。三是由于不同航空公司飞机在机场起降，飞机维修、航空配餐甚至飞机清扫、加水等需求应运而生。而在满足旅客、货物和飞机日益多样化的需求的同时，机场也在不断强化这种需求，使得机场日益成为商业、休闲、商务需求齐备的"航空城"。

以我国香港国际机场为例。为了致力于将香港国际机场打造成为旅客在登机前休闲购物的"天堂"，香港机管局定期会进行旅客需求的调查。2004年香港机管局斥资6亿港元扩建购物廊，将机场店铺总数增至160间，并利用香港"自由港"的优势，在东面大堂增设200米长的"名店大道"，集合了25间国际奢侈品商店，另有40多家餐馆提供各国美食。为了保证机场商业的竞争力，香港国际机场特别与商铺签订相关协议，保证机场内商品不高于市区内同类商品的价格。配合业务的不断拓展，2003年起，香港国际机场在机场东北面约57公顷土地上建设了集购物、休闲、展览为一体的"航空城"。

三、国内机场非航空性业务经营发展

1. 珠海、杭州、上海机场竞相引进"香港模式"

2006年10月1日，由香港机场管理局与珠海市国资委合资成立的珠港机场管理有限公司，正式管理及营运珠海金湾国际机场。合资公司注册资金为3.6亿元，其中，香港机场管理局通过全资附属公司——香港国际机场（中国）有限公司，投资1.98亿元，占55%的股份。内地第一家由境外资金控股的专业机场管理公司由此诞生。有媒体报道称，在此后短短的3个月内，珠海金湾国际机场客运量便创下历史新高。

同年，杭州萧山国际机场与香港机场管理局也以增资并购方式共同组建合资公司，注册资本金为56.86亿元，香港机场管理局通过注资19.9亿元，取得杭州萧山国际机场有限公司35%的股权，致力于增强杭州萧山国际机场的营运效率。

2006年10月12日，上海机场（集团）有限公司与香港机场管理局确定双方合资成立上海沪港机场管理有限公司，管理上海机场集团所属的虹桥机场的东、西两个航站楼，虹桥综合交通枢纽东交通中心与旅客流程相关区域，以及航站楼商业零售业务。成立的上海沪港机场管理有限公司注册资本金1亿元，由沪港双方各出资51%和49%。合资期限从2010年起，为期20年。管理公司的高层组织,由香港方面派出3人,上海机场集团派出4人共同组成。

对于机场内部经营机制,早在2004年,民航总局就提出借鉴国外机场以及我国香港国际机场的经验和做法,通过机场特许经营的办法,在保证机场合理利益的条件下,机场管理机构从部分直接经营的业务中退出,实现从直接经营型向管理经营型的转变。机场管理机构应变成一个真正的管理者,为机场内的所有业务主体提供一个协调、有序、公平的运营平台,而非直接介入到经营活动中去。同时将经营性业务面向市场,以竞争的方式转让给专业化的服务提供商。有关专家指出,机场采取"管理型"模式是世界航空发达国家和地区比较通行和成熟的模式,也将是我国机场今后发展的方向。

据了解,在国内外优秀机场非航空性业务发展中,特许经营是得到广泛应用的主导模式,法兰克福国际机场、新加坡樟宜机场、巴黎戴高乐机场、香港国际机场便是其中的典型代表。常见的机场特许经营包括:餐饮、免税店、银行、机场广告、航空燃油供应、航空配餐服务、公共汽车和旅客班车、出租车服务、汽车租赁、酒店、货运公司、运输代理等。

香港国际机场近年来业绩高速腾飞,其间所进行的商业特许经营改革贡献很大。2000~2005年,香港国际机场旅客吞吐量复合增长为4.2%,远低于内地17%~18%的平均增长速度,但是其利润的增长依然十分可观。2000~2005年的6个财务年度间,香港国际机场的利润实现年均86.8%的超高速增长。仅2004/2005财年,香港国际机场非航空性收入达到38.08亿港元,占当期全部收入的51.1%。这些收入绝大部分来自于对机场商业和其他业务实施的特许经营收入。虽然商业零售特许经营在实施起初一定程度上减少了零售收入额,但是其在压缩管理成本和提高运营效率方面的作用是显而易见的。

2. 国内其他机场非航空性经营情况

北京首都国际机场非航空性收入增长迅速,2010年非航空性收入达到22.1亿元,占机场总收入的38%,同比增长22%。其中,以零售、餐饮、广告、便利业务为主的商业收入达15.2亿元,是非航空性业务的核心和主要增长点。

目前,北京首都国际机场非航空性业务主要包括零售、餐饮、广告、便利增值服务、特许经营业务和停车业务六大业务板块。商业面积达到68 000多平方米,餐饮、零售店铺数量达到280多家。

北京首都国际机场商贸有限公司前身为机场候机楼商店,2005年根据首都国际机场集团公司专业化重组战略正式注册成立北京首都国际机场商贸有限公司,是首都国际机场集团公司下属成员企业,是一家以"机场商业零售、国际品牌代理"为主,"商业拓展业务、自有品牌开发"为辅的跨地区、多业态的商业企业。首都国际机场商贸公司作为内地机场首家引进精品经营的专业公司,对中国机场商业零售发展具有开创性的意义。公司总部位于北京首都国际机场,共设立了11个分公司和3个子公司,在北京、天津、重庆、湖北、贵州、江西、吉林、内蒙古、哈尔滨九个省市机场,拥有超过2300名的员工,商业零售资源3万余平方米,经营近万种的商品。

除北京首都国际机场商贸有限公司外,首都国际机场集团公司专业化重组战略下属成员企业还包括北京空港航空地面服务有限公司、首都空港贵宾服务管理有限公司、北京空港配餐有限公司、北京首都国际机场广告有限公司、北京首都国际机场餐饮发展有限公司等，旨在对首都国际机场非航业务进行更高水平的专业化管理。

2005年8月，上海机场管理部门出台对于特许经营的收费方法，可以采取三种模式，一是同时收取租金和专营权费用，比如，对加油站的特许经营；二是固定费用加浮动租金，比如，对候机楼内部部分商业设施的特许经营；三是采取合资的方式，比如，对航油供应项目的特许经营。之后，广州白云国际机场、海口美兰国际机场纷纷跟进。

2010年上半年，武汉天河国际机场完成非航空性收入1.36亿元，同比增幅9.4%，航站楼每平方米商业收益增长接近20%，非航空性收入已接近营业总收入"半壁江山"。

成立于2005年的武汉天河机场商贸有限公司为武汉天河国际机场各航站楼内商业零售资源的特许经营商，隶属北京首都机场集团。公司定位于中、高端商场，经营项目包括瑞士名表、香水、珠宝饰品、男女服饰、皮具、户外、特产、书刊等丰富品类。目前武汉天河国际机场年客流量在2100万人左右，航站楼商业面积达5500余平方米，店面70余个。

3.国内机场非航空性业务发展的思考

国内机场非航空性业务发展有两大趋势：一是商业零售将成为机场非航空性业务板块发展重点；二是引进国际顶级品牌将成为机场零售未来发展主要方向。以奢侈品为例，我国目前拥有超过1.75亿人的奢侈品消费群，市场潜力大，中国公民奢侈品消费已经位居全球第二，预计5年内将成为全球第一位，而搭乘飞机是他们的主要出行方式。

国内机场商业开发仅刚刚起步。与众多国际机场相比，国内机场商业和其他非航空性业务普遍存在规划不合理、经营垄断、商品服务定位不明确等问题，甚至演变成为机场增收和消化就业的基地。出现这一现象的根源在于机场长期处在严格的政府管制下，并非独立经营实体，缺乏市场意识和服务意识。

此外，虽然枢纽机场在商业开发方面具有先天优势：以北京首都国际机场、上海浦东国际机场和广州白云国际机场在内的枢纽机场具有人流物流集中、国际航线集聚和易于取得政策支持的先天优势，而且主要机场在未来的扩建中均意识到商业开发的重要性，并进行了相应的规划调整。但要转化为现金流入，尚需一段时间。

在规划机场的商业布局时要有高起点、高格调、高水准，引进国内外知名品牌，提高售出商品的档次；对于具备实力、信誉良好、品牌出众、产品有特色、连锁竞争力强的企业，要主动出击，洽谈入场；同时在候机厅内展开多元化经营，营造一个集时尚购物、餐饮、娱乐为一体的商业环境。

为了使服务升值，可以学习新加坡和香港机场受旅客欢迎且我们易于开展的服务项目，完善机场的服务功能。如开设货币兑换处、书店（而不是书摊）、游戏厅、酒店介绍的总服务台等，注意公用电话在候机楼内的均匀分布。开发服务项目时不能忽视接机客源。提供有偿服务时一定要定价合理、明码标价，并详细介绍，使旅客很容易了解或得到他们所需要的服务，使旅客真正感受到物有所值，也有利于机场有偿服务的长久开展。

第二节
机场贵宾服务概述

一、机场贵宾服务的内涵

随着国民经济的不断增长和民航事业的快速发展以及世界经济全球化、自由化和区域一体化进程的加快，人们对服务消费的需求越来越多且要求越来越高，为了适应市场的需求，商务贵宾服务应运而生，机场商务贵宾服务也逐渐成为市场的发展趋势。

自1958年诞生以来，贵宾服务作为机场非航空性业务中的重要组成部分经过了59年的发展，在行业规模、业务结构、保障能力等方面取得了重大突破，在民航业的发展中发挥了越来越重要和积极的作用。而机场贵宾服务作为一种特许经营权，在20世纪90年代初期就逐步为机场高层管理者所认识，并以之为机场新的经济增长点。贵宾服务也正朝着更加专业、更加系统的方向稳健发展，其经营管理模式也由原来的单一模式进入到了产业集群的模式，跨入了新的发展阶段，并在服务品质、品牌营造、信息化建设、市场化经营等方面均取得了长足的进步。可以说，国际化的贵宾服务行业正在形成，并迅速扩张、茁壮成长。

从某种意义上来说，贵宾服务并不是必需的产品，而是一种服务上的奢侈品，它不针对每位普通旅客，主要是为政务要客、商务贵宾及航空公司两舱旅客（图1-3）提供优质、快捷、个性化的服务，其产品更强调服务上的方便、快捷、舒适、尊贵、私密，更要求体现旅客的尊贵身份及隐私空间。贵宾服务的任何环节，包括员工的责任心、服务态度、服务技能、处理突发性事件的应变能力、提高机场通关效率等，都将对贵宾服务整体水平的体现发挥着不可忽视的作用，而以服务作为机场贵宾的主营业务，欲获得长足发展，道路只有一条，即以高品质塑造品牌，通过品牌引导旅客的消费，获得经济和社会的效益。表1-3为中国南方航空公司重要客人分类。

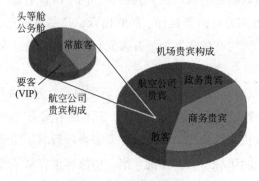

图1-3 机场贵宾构成

表1-3　中国南方航空公司重要客人分类

最重要旅客	VVIP	（1）党和国家领导人 （2）外国国家元首和政府首脑 （3）外国国家议会议长和副议长 （4）联合国秘书长
一般重要旅客	VIP	（1）政府部长，省、自治区、直辖市人大常委会主任，省长，自治区人民政府主席；直辖市市长和相当于这一级的党、政、军负责人 （2）外国政府部长 （3）我国和外国政府副部长和相当于这一级的党、政、军负责人 （4）我国和外国大使 （5）国际组织（包括联合国、国际民航组织）负责人 （6）我国和外国全国性重要群众团体负责人 （7）两院院士
工商界重要旅客	CIP	（1）工商业、经济和金融界重要、有影响的人士 （2）重要的旅游业领导人 （3）国际空运企业组织、重要的空运企业负责人和南航邀请的外国空运企业负责人
南航内部重要旅客		内部VVIP：南航集团董事长、党组书记；南航股份有限公司总经理、党委书记 内部VIP：南航集团副总经理；南航股份有限公司副总经理

二、机场贵宾服务产品的特点

从机场贵宾服务产品内涵分析，不难看出，机场贵宾服务与其他传统的地面产品之间既有联系又存在区别，具体如下。

1. 两者具有不同的价格体系

机场贵宾服务的客户大都是政务要客、商务贵宾及航空公司两舱旅客或者是大型企业集团等，其业务的开发与机场代理业务关联较小，对客户、市场可以采取相对灵活的定价、促销方式，因此其价格体系相对来说比较独立。而传统地面服务的大多数客户的开发与机场代理业务关联较大，一般来说，顾客所涉及的服务内容所执行的价格都为民航局的定价，没有较为独立的价格体系，其业务弹性相对较小。

2. 服务人员与客户主体关系的区别

贵宾服务的业务人员与客户主体的接触是直接的，员工的言行就是机场服务高水平的窗口，对业务的影响更为敏感，在服务的过程中，任何一个环节出现问题，都将失去其高端服务的价值和意义。而在传统地面服务中，只有在与旅客直接接触的售票、值机、服务等岗位的服务中，服务人员与旅客之间的接触是直接的；其他业务服务，如搬运、特种车辆、机舱保洁、配载平衡等，与客户主体的接触是间接的，对业务的影响相对较小。

3.两者服务流程的区别

贵宾服务一般分为两大部分，前端是与客户的信息交流，包含预约、接待、反馈等服务内容，后端是作为民航运输服务生产的一部分。而普通的地面服务，更多地表现为后端服务，与客户的信息交流只在某些岗位存在，如广播问讯、行李查询、办理乘机手续、引导旅客上下飞机等。

4.服务延伸性的区别

两者服务均具有延伸性，都可以利用机场资源开展售票、酒店预订、租车、购物、饮食、娱乐、健身等商旅服务。但是，贵宾服务面对的是具有较强消费能力的群体，后者面对的是具有普通消费能力的旅客。因此，机场贵宾服务的产品特性要求其运作机构是专业的、高效率的，更注重其灵活的服务技巧及精细化的管理内涵。这就要求，如何在贵宾服务产业链的各个层面上充分利用机场现有的各类资源，优化资源配置，提高资源的最大利用率和效益。这条产业链运作水平的高低，将直接或间接地影响贵宾服务产业的收益，进而影响机场临空产业的经济规模。

三、机场贵宾服务的基本内容

1.贵宾室服务

全日自助美食及饮料供应、酒吧、淋浴设施、短时休息设施、健身设施、迷你高尔夫、按摩、美容美发、面部护理、上网、市内电话、复印、传真、手机及笔记本电脑充电、国内外报纸杂志、国内外电视节目、航班资料、行李寄存、单独安检通道。

2.两舱服务

按照航空公司两舱旅客服务的标准，为航空公司两舱旅客服务。全日自助美食及饮料供应、酒吧、淋浴设施、短时休息设施、健身设施、迷你高尔夫、按摩、美容美发、面部护理、上网、市内电话、复印、传真、手机及笔记本电脑充电、国内外报纸杂志、国内外电视节目、航班资料、行李寄存、单独安检通道。

在紧急情况或航班延误时，高服务质量的航空公司会寻找为其普通舱乘客提供相应服务，贵宾服务可以解决他们的后顾之忧。

3.基地航空公司贵宾室委托管理服务

当机场贵宾服务模式成功后，机场贵宾服务公司可以向基地航空公司和国际联盟的贵宾服务提供委托管理服务，以帮助他们在维持服务水准的前提下，降低运营成本，同时可以做大做强机场贵宾服务业务。

4.小型商务中心租用

为有需要的旅客提供短时商务中心服务。如同五星级酒店商务中心一样，机场贵宾服务中的小型商务中心可以提供全套完备的办公服务，包括上网、国际国内电话、复印、传真、手机及笔记本电脑充电等。商务中心内的工作人员随时提醒客人航班信息。

5.计时宾馆

在候机楼空侧为中转旅客和其他需要短时休息或睡眠的旅客提供计时宾馆服务，以解除其旅途劳累，宾馆工作人员会随时提醒客人航班信息。计时宾馆还提供自助美食及饮料供应。

6.淋浴SPA服务

在候机楼空侧和路侧区域提供淋浴服务，以使旅客能以崭新的面貌迎接商务会面活动。

7.代办旅行中转手续

旅客抵达机场后如需中转换乘其他航班前往另一目的地，机场贵宾服务应帮助他们办理包括落地签证在内的转机手续。

8.要客服务辅助

机场政务要客保障服务有其独特的政治和保密服务要求，这一工作多由机场当局下辖要客接待部门负责，贵宾服务公司予以配合。

9.按摩美容美发服务

在空侧和陆侧贵宾服务区域内提供另外收费的按摩美容美发服务，以帮助旅客缓解疲劳，保持良好的个人形象和精神面貌。

10.接送机迎宾服务

依托机场资源和服务优势，针对在机场候机楼接机或委托接机的人士，有会议接待、机场礼仪服务等需求的单位和个人提供厅房休息、委托接机、商务接待、礼仪服务等全面、尊贵的贵宾服务。

① 享用贵宾休息室，室内提供通信、上网、报纸、杂志、饮品、电视收看等服务；

② 贵宾厅工作人员根据客户需求，进入安全控制区，到廊机口迎接宾客；

③ 专车迎接在远机位下机的宾客；

④ 预订机票服务；

⑤ 酒店订房、汽车租赁服务；

⑥ 会议接待、商务服务；

⑦ 预订鲜花、租用接机牌；

⑧ 协助提取行李、代订机场餐饮。

11.接送机流程

（1）接机礼宾服务流程　提前预约→应约接机→抵达宾客休息室休息→办理委托手续→服务员代为接机→服务员协助提取行李→送客至候机楼出口。

（2）送机礼宾服务流程　抵达贵宾厅→前台接待→出示贵宾白金卡→厅内尊贵服务→代办乘机手续→护送贵宾厅专用安检通道→送达指定登机口登机。

第三节
我国机场贵宾服务现状及发展战略思考

一、我国机场贵宾服务整体发展情况

机场贵宾服务业的兴起是当代世界市场经济发展的必然产物，也是现代国际机场新的服务亮点或应具备的业务功能。

面对航空业和新兴起的贵宾服务业的广阔前景，国外一些贵宾服务机构现已具有一定规模经营，如环亚机场贵宾服务公司、西北环宇贵宾服务公司等，这些机构凭借其便捷的服务设施、卓越的服务品质和成熟的服务模式，成功地实现了在这一领域的扩张和发展。其中，以PP卡、环亚机场和俄罗斯的贵宾服务影响较大，正在不断拓展新的贵宾服务市场和领域，并已经向中国市场进军。与此同时，国内几乎所有的机场都已从单一为政务要客提供保障性服务，逐步转变为商务旅客提供贵宾服务，并纷纷成立了专业的贵宾服务机构，实施专业化经营。经过几年的发展，在服务品质、品牌营造、信息化建设、市场化经营等方面均取得了长足的进步，已形成了一套较为完善的贵宾服务体系。

机场贵宾服务项目在中国经过几年的发展，引起了民航业内外的广泛关注，目前，全国各大机场贵宾服务的专业化运作已成趋势，机构大致有独立法人、分公司、部门三种形式，而经营侧重点各有千秋，呈"八仙过海，各显神通"之势。

1. 二合一模式

以北京首都国际机场及其下属机场为代表，采取要客部、贵宾公司二合一模式，既带有浓厚的官方色彩，又兼有相当市场化运作的模式，主要收入来源为VIP服务和冠名费用。以目前首都国际机场及其下属机场为代表的VIP服务板块，已占据我国VIP服务产业的"半壁江山"，其发展势头汹涌澎湃。更让人惊讶的是，自2004年5月以来，首都空港贵宾服务管理有限公司已启动跨国合作项目，逐步确立与首尔、东京、纽约、旧金山、香港地区等国际机场的贵宾服务联网服务，并将申请属于其所有的服务商标。该公司正在更高起点上，在更广阔的平台上，打造自己的贵宾服务品牌。

2. 多元化模式

以广州白云国际机场为代表，包括昆明、深圳、南京、温州等地采取的是多元化经营模式。在VIP服务的基础上兼营售票、旅游、巴士、酒店预订等项目，定位于商旅服务企业。其着力于打造多元化的商旅"航母"，以夺取规模效应。2005年，云南空港百事特商务有限公司以昆明为中心，顺利完成了丽江、西双版纳、德宏芒市三个机场的贵宾业务整合，并加强与异地机场合作，在全国二十多个机场开通了异地机场贵宾服务，将百事特服务网络辐射到全国各地。2007年，以广州白云国际机场易登机商旅服务有限公司联合首都空港贵宾服务管理有限公司、上海机场贵宾服务有限公司等单位，共同发起成立中国民用机场协会贵宾服务委员会，组建全国性机场服务联盟，在贵宾服务业务方面展开"强强联合"。这一合作，既创造了双赢局面，又开创了合资经营贵宾服务产品的先河。

二、典型机场贵宾服务发展模式分析

从目前国内现有的机场贵宾服务市场上看，首都空港贵宾服务公司和上海机场贵宾服务有限公司、广州白云国际机场易登机商旅服务公司三大品牌贵宾服务机构，各自拥有一定数量对接机场，在机场服务方面已有了较为成熟的模式和规范，并且初步形成了小范围内的系统化与网络化。当前，在机场贵宾服务市场上，内有各机场、航空公司和地面服务机构争做贵宾服务业务；外有各类商旅公司奋力挤入，这对于业已兴起的国内机场贵宾服务市场而言，构成了极大的挑战。

1. 北京首都国际机场贵宾服务发展模式分析

北京首都国际机场贵宾服务在经营业务与发展思路上紧紧围绕"1+2"产业发展战略，创新管理体系，优化品牌建设，搭建网络服务平台，在确保要客服务的前提下，瞄准航空常旅客，以机场接待服务为核心，以客户需求为导向，开发商旅关联业务，做精、做专政务要客、商务贵宾服务，做大、做宽商务嘉宾服务业务。围绕不同客户的不同需求，运用机场服务资源，不断完善服务功能，不断提升服务价值，整合多项服务资源，提高服务品质，持续提升要客服务满意度，从而获取良好的经济效益和社会效益。

围绕上述思路，北京首都国际机场采取如下有效方式与举措。

（1）创新内部经营管理方式　按照"专业化管理、品牌化经营、产业化发展"的总体思路，结合要客服务特点与实际，以统一规划、统一品牌、专业化经营与属地化管理相结合为原则，不断深化创新、推进贵宾服务专业的重组工作，建立一套新的管理模式，完善对成员公司的管控体系，制订规范管理制度。同时，在安全、服务、日常运行和党群工作等方面，实行属地化管理，与当地机场完全对接。具体做法：一是专业化重组方式及结构。以贵宾公司为主体，按照《中华人民共和国公司法》的要求，以资本为纽带，按照51∶49的股权比例，分别与集团公司所属各成员机场共同出资在当地注册成立了8个成员贵宾服务公司。按照法人管理结构的要求，各成员贵宾服务公司均设股东会、董事会和两名监事。二是管理模式及职责。根据要客服务特性与实际，为利于工作、便于管理，各成员贵宾服务公司的管理模式，均按照"一个单位、两个牌子、一套机构、双重功能"进行设置与管理。贵宾服务公司对成员公司按照"内部程序+法律程序"，并通过成员贵宾服务公司董事会实行目标管理。

（2）加强对外合作，促进企业发展　为实现战略目标，除创新内部经营管理方式外，几年来，首都空港贵宾服务管理有限公司加强了对外合作和行业的联合，借助他人资源、人才、技术、经营理念等优势，互惠互利，共同发展，加快对战略目标的实现。一是为了开拓市场，与专业的营销公司共同成立了空港贵宾服务销售分公司，经过几年的运作，成效比较突出，使公司的营业收入及效益翻了几番。二是与长城国际旅行社、北京地区航空运输销售代理人协会合作，共同成立了空港旅运服务中心。既完善了服务功能，及时为客户提供票务服务，又增加了良好的经济效益。三是经过多方协商，与中国民航信息网络股份有限公司（以下简称"中航信"）结为战略合作伙伴，并签订了《商务合作框架协议》，共同开发一站式商旅服务电子商务系统项目。同时，经中国民用航空局（以下简称"民航局"）及华北地区管理局认可，授权贵宾服务公司负责在北京及成员机场航站楼服务区域设立电子客票服务柜台，全权代理电子客票等接待服务，包括电子客票、进出港接待服务及相关业务，适时开通一站式系统。四是为适应贵宾服务市场的发展和客户的需求，规范民航机场贵宾服务标准，共同打造贵宾服务品牌，2007年贵宾服务公司与上海机场贵宾服务有限公司、广州白云国际机场易登机商旅服务有限公司经过反复酝酿，共同发起，并报中国民用机场协会批准，向全国机场贵宾服务机构倡议，本着自愿、自律、自主的原则，以共同参与、共同分享、共同成就、和谐共进为宗旨，成立了中国民用机场协会贵宾服务委员会。

（3）强化内部管理，深化资源调控能力　为强化贵宾服务公司内部管控力度，实施精细化管理，积极推进企业管控体系建设，并按照集团管控体系的要求，在注重科学性和实效性的前提下，建立了统一的企业管控体系。其中包括核心管控制度和各成员贵宾公司管控系统两部分。同时，遵循与集团公司制度对接的宗旨，融合ISO 9000标准中PDCA的质量管理理念，建立了以9项管控为核心的动态管控核心制度。同时，制订了《机场贵宾服务标准手册》在贵宾服务公司内部全面推行，统一了服务标准，并加强培训力度，组织多次培训班和派业务骨干到成员公司进行业务培训，为打造贵宾服务品牌起了积极的推动作用。

2. 成都双流国际机场贵宾服务发展模式分析

与北京首都国际机场相比，成都双流国际机场的特点并不突出。成都双流国际机场贵宾服务采取的经营模式是保障与经营兼顾模式，每年由公司确定中心的安全、服务、经营指标，年终依据指标完成情况进行考核。其经营的范围主要包括为政务要客及商务要客提供VIP进出港接待服务，为头等舱及商务舱旅客提供头等舱候机室候机服务，以及为大型企业、单位提供贵宾厅休息室冠名服务等业务。

在发展目标与规划上，成都双流国际机场贵宾服务中心远期规划主要是依托民航协会贵宾服务委员会这个平台，拓展业务，做好异地服务对接，与各机场同行一道将机场贵宾服务覆盖全国网络服务体系。目前，成都双流国际机场贵宾服务面临的主要问题是现有资源不能满足日益增长的顾客的需要，中心现有的房间基本已冠名，接待量早已饱和，人员设备和日益增长的旅客人数之间的矛盾开始突出。

综上所述，当前，我国各大机场VIP服务的专业化运作已成趋势。但尽管我国机场贵宾服务业取得了以上的成绩，但与国际先进同行相比，仍有相当大的差距。国际上先进机场的贵宾服务业务以其先进的设备设施、人性化的服务流程、成熟的品牌化运作，已形成较大规模。同时，其跨国网络的不断扩大，也给中国的机场贵宾服务业带来不可忽视的挑战和压力。

三、我国贵宾服务发展战略的思考

显然，机场贵宾服务已由其单纯的服务项目，逐渐发展成为产业集群，是一个机场经济和可持续发展密不可分的组成部分和产业链，作为一个产业，只有形成一个更加清晰、明确的发展思路，才能发挥其最大的效益和作用。

机场贵宾服务业以科学发展观为统领，以"立足保障、面向市场"为发展思路，实施以政要服务、贵宾服务、嘉宾及两舱服务为主业，以商品销售、代办租车、票务代理等业务为辅助的发展战略，积极探索与联检单位、航空公司的新型合作关系，加强行业上下游的合作，形成以机场地区为圆心的贵宾服务产业链，提升民航业安全和服务品质，提升机场资源价值服务。

当前，国内几乎所有的机场都已从单一为政务要客提供保障性服务，逐步转变为商务旅客提供贵宾服务，并纷纷成立了专业的贵宾服务机构，实施专业化经营。如何在贵宾服务产业链的各个层面上充分利用机场现有的各类资源，获得最大利用率和效益，关键在于这条产业链运作水平的高低。对机场贵宾服务发展模式的思考，可以考虑延伸服务价值链的方式，即采用"3+N"模式，就是以"政要贵宾""商务贵宾""两舱旅客"服务为基础，不断拓展"N"这一延伸服务的内涵。也就是从客户需求和旅客体验出发，开发延伸服务，通过行业上下游的有效合作和监督，形成以机场贵宾服务业为中心的产业链，持续提升机场安全和服务品质。

1. 做好机场贵宾服务的三个中心

（1）政要服务是核心　贵宾服务业要以国家政治任务保障为基础，以传承优秀的中华文化和行业光荣的保障历史为己任，以精细化提升为思路，坚持"属地化服务"策略，围绕客户需求，以休息室服务、接送机礼遇协调及引导、专车摆渡等为主要服务项目，以"成本价收费"为原则，运用机场服务资源不断完善服务功能，提高服务品质，持续提升要客服务满意度，打造出更为安全、尊贵、舒适、体贴的政要服务，从而发挥良好的门户形象，扩大整个贵宾服务业乃至民航业的社会影响力。

（2）商务贵宾服务是主干业务　贵宾服务业要以经济形势和市场需求为导向，以市场化运作为思路，对照国际先进服务企业，不断创新商务贵宾服务机制，持续完善贵宾服务功能，以高端航空常旅客为目标，以休息室服务、协办进出港手续及快速通道、专车摆渡等为主要服务项目，在此基础上开发会员活动、会议接待等服务项目，遵循"高门槛"和"限量发展"的策略，通过开发"属地化服务"及"网络化服务"两类服务产品，在成员机场贵宾服务公司及部分条件成熟的非成员机场贵宾服务机构范围内实现服务对接，大力提升商务贵宾服务品质，以多元化、个性化、网络化的服务产品和服务模式，不断提升服务价值，培育客户忠诚度，吸引更多的企事业会员和商务贵宾，从而创造较高和稳定的经济收益。

（3）嘉宾及两舱服务是骨干业务，业务量大、影响力也大。由于嘉宾服务较之政要服务、商务贵宾服务门槛较低，与社会商旅服务的接触点较多，因此，具有更广阔的市场和发展潜力。贵宾服务业要紧扣市场脉搏，要以中、低端航空常旅客为目标，在现有网络资源基础上，以不断优化的服务流程、相对灵活的价格政策、快捷优质的服务品质、齐全多样的服务套餐，吸引更多的嘉宾客户和大客户，快速占领尚未完全开放的机场嘉宾服务市场。从拥有有限资源的服务供应商发展成为整合多项关联服务资源的商旅服务集成商，从而突破机场服务资源瓶颈，实现业务规模迅速扩大及经济收益高速增长。

2. 扩展好延伸内容

从客户需求和旅客体验出发，开发延伸服务，采用联营、租赁、冠名、购买服务等多种形式迅速构建全国乃至全球机场服务网络，以机场服务为核心，紧密结合客户需求，提供机票预订、酒店预订、租车、旅游介绍等一站式配套商旅服务实施方案，打造完整的商务服务链，通过行业上下游的有效合作和监督，形成以机场贵宾服务业为中心的产业链，持续提升机场安全和服务品质。

"3+N"模式的不断推进和深化，正是通过加强行业上下游的合作，形成以机场地区为圆心的贵宾服务产业链，完善旅客服务，提升机场资源价值服务，从而加大机场非航空主营业务收入。在带动机场多项延伸服务的同时，通过发挥联合服务的规模效应与网络效益，把全国机场贵宾服务推向新的高度。民用机场协会贵宾服务委员的各会员单位通过提供统一的服务产品，为旅客提供快捷、方便、一站式、网络化的服务，聚合目前各公司各自为政的分散局面，整合各省市、各地区的商业资源，形成较大的行业规模，这种全国范围内的统一规划安排，对于提高我国机场贵宾服务业的整体盈利水平，提升贵宾服务品质和行业影响力，加强行业国际竞争力具有重要的意义。

❓ 课后思考题

1. 简述机场非航空性业务的定义及分类。
2. 机场贵宾服务的内涵是什么？
3. 与传统地面产品相比，机场贵宾服务产品有哪些特点？
4. 机场贵宾服务有哪些内容？
5. 现今我国机场贵宾服务发展有哪些模式？试以所在城市机场为例，调研其机场贵宾服务运营模式。

第二章

机场贵宾服务心理及礼仪

> **学习目标**
>
> 1. 了解机场贵宾需求心理，掌握贵宾服务需求分析，为个性化服务打好基础；
> 2. 熟悉贵宾接待过程，明确贵宾服务技能要求；
> 3. 熟悉并掌握贵宾服务仪容标准、着装规定、仪态标准、表情神态等礼仪。

机场贵宾服务是主客双方相互作用的一个动态过程。随着社会物质文明程度的不断提高，旅客对精神等心理服务的需求比例越来越高，要客和高端旅客更是如此。因此，我们对服务的理解，不能仅限于服务流程、操作程序，更重要的是理解需求。本章主要介绍的是机场贵宾需求心理及其服务需求分析，在此基础上明确贵宾服务技能要求，熟悉并掌握贵宾服务礼仪相关要求。

第一节 贵宾服务需求心理

习惯上，民航业内把重要客人和自己公司的VIP统称为高端旅客，并进行高端服务。近几年，随着服务市场不断细分，如前面所述，民航又按照高端旅客的性质，把他们分成了"政要"和"商务要客"两部分。在贵宾（高端旅客）接待中，机场和航空公司都希望客人能乘兴而来，满意而归。为了达到这一目的，除了在接待过程中一定要遵循平等、热情、礼貌和友善的原则外，还必须要高度重视和认真对待贵宾接待工作，仔细研读并把握好贵宾服务需求心理，以此为基础展开有效服务及超值服务，为贵宾客户带来满意和惊喜。

一、贵宾基本需求心理

1. 求安全

按照马斯洛的需要理论,安全需要是人类最基本的需要之一。机场贵宾特别是要客(高端旅客)由于其身份特殊性和社会重要性,其安全的要求高于一般旅客,因此,在民航服务的整个过程中,贵宾服务首先需要考虑的是安全问题。这个安全不仅指飞行安全、空防安全,还有地面安全、食品安全。

天气情况能否保证飞机正常起降,飞机是否安全无故障,飞行员是否具有高超的飞行技术等,这些都是要客和高端旅客最关心的问题。因此,机场贵宾安全管理工作要加强对员工的安全教育,建立一套完善的培训制度,严格监督服务流程中的安全操作,狠抓内部安全管理,从而在程序上给予贵宾绝对的安全保证。例如,在重要旅客乘机前,为之送行的机场、航空公司值班领导或主要领导一般都会向要客报告当时的天气状况、飞机的适航状况和机长的技术情况,使要客放心乘坐航班。

为满足贵宾求安全的心理,接待人员应具有较强的安全意识,配合安保人员防止不法分子进入贵宾休息区域偷窃客人的物品。在保管贵宾物品时,不能乱动客人的贵重物品。

2. 求尊贵

服务行业奉行"客人是上帝""客人是衣食父母"的服务理念,于是在客人的潜意识里,他们普遍有着一种要享受特权的愿望,特别是对机场贵宾来说,其求尊贵的需求表现更为强烈。机场贵宾求尊贵的心理需求:首先,是希望自己得到特别关注,希望受到服务人员热情的招待,希望机场服务人员能尊重自己的人格,尊重自己的意愿,尊重自己的朋友以及自己的生活习惯、个人隐私、信仰等。其次,是重视体验,服务流程是一个整体环节,机场贵宾求尊重的心理体现在每一个服务环节,也就是应提供零差错服务。最后,在强化服务标准做好各环节服务工作的同时,应注意适当满足贵宾的个性化需求,包括座位的喜好、登机时间先后的喜好、茶水饮料点心的喜好和其他喜好等,这些都需要服务人员平时加强对贵宾客史资料的搜集与整理,并结合信息技术手段,更好地将接待工作完成,更好地提供"专人专服"的个性化贵宾服务。

3. 求舒适

如果说,求尊重的心理主要体现在贵宾对服务人员这一个"人"的因素的话,求舒适则主要体现在贵宾对服务空间、设施设备、饮食等物质要素的要求。一是贵宾需要享有一个相对宁静、私密而不受他人打扰的个人空间,这体现在候机、乘机的全过程,因此要特别注重贵宾私密空间的设计和营造;二是贵宾选择航空出行,其大部分时间都是在静态地等待休息,因此为贵宾提供舒适的座椅非常必要;同时无论在机场贵宾室还是客机上,都应当为贵宾提供风味独特的菜肴及品类丰富的酒水饮料,另外,应注重贵宾在等待或乘机时间内娱乐消遣的需求,加大在影音娱乐资源等方面投入和改造,例如,有免费的无线网络,增加报纸杂志品种,提供多语音的影音系统等,进一步完善服务功能(图2-1、图2-2)。

图2-1 贵宾休息室空间营造

图2-2 客舱独立空间营造

4. 求便利

求便利是贵宾最基本、最常见的心理需求。为了满足机场贵宾这一需求，首先，是为贵宾创造方便、快捷的贵宾通道，体现在值机环节就是航空公司设立专门的值机柜台专供头等舱、商务舱旅客使用，充分满足贵宾对时间和效率的追求。其次，针对重要客人，设计特殊接待流程，进一步减少要客等待时间。最后，通过硬件的设计和打造，可为贵宾提供更加周到细致的信息服务，贵宾不仅可以在电脑屏幕上直接看到自己航班的座位情况、航班的到达时间，还可以获知目的地的天气情况、酒店住宿等其他附加信息。

> 2013年，东方航空公司对位于上海浦东国际机场T2航站楼的77号贵宾室进行了重新装修，部分硬件设施升级换代，为旅客提供更加舒适、便利的休息环境。如装修更换了77号贵宾室的头等舱、公务舱旅客餐台区的地板，并在走道区域新铺了防滑地板；自助餐台的台面也进行了更换，外观更加简洁、时尚；同时，自助餐柜由原来的一门式改为开放式，并增设了隔层，统一了餐具的分区及摆放，最大程度方便客人拿取餐盘；餐台区域继续为旅客提供丰富美味的甜点、冷餐、热食、水果及酒品。

二、贵宾服务需求分析

众所周知，服务是抽象的、无形的。服务是一种感觉，它可以被感知。机场贵宾服务也一样，并非简单地"迎、接、送、往、端、拿、递、收"，要想服务到位，必须用心思考，了解服务需求才是做好贵宾服务的根本所在。

好的服务是有预见性的，可以提前了解旅客的需求，为其提供真正需要的服务。

1. 在哪些地方提供服务

案例

我国香港国泰航空公司的欧美航线，在美国纽约起飞时间是晚上22：00，到达欧洲的时间是早上7：00。航空公司晚上21：00在离港候机厅的贵宾室为高端旅客提供晚餐。这样做可以让旅客在飞机上有一个完整的休息时间，无须被供餐打扰，在飞机上让旅客有充足的睡眠时间；此外，地面的餐食选择余地大，比起空中的餐食物美价廉，这样既让旅客感受了个性化的、与众不同的服务，又降低了航空公司餐食供应的成本。旅客到达后，航空公司在进港候机厅的贵宾室内为高端旅客提供淋浴、早餐。经过长时间乘坐航班，疲惫的旅客正好可以洗个澡解解乏，换上一身清爽衣服，便于开始新的工作。

香港国泰航空在旅客最需要的地方提供了周到的服务，他们的服务是建立在真正了解旅客需求基础上的。

2. 提供什么样的服务

图2-3　贵宾厅内的安检通道

目前很多机场在贵宾休息室装有安检设备（图2-3），高端旅客可以在休息室过安检。此项服务对高端旅客尤为重要，被许多高端旅客所认可。这项措施就是在保障机场及旅客人身安全的基础上，对高端旅客求尊贵、求便利心理的有效满足。

给贵宾提供什么样的服务不仅要关注贵宾要什么，还要领会其不要什么，尽量避免对客服务走程序化和呆板的模式。

案例

"我坐在头等舱靠窗边的位置，正在读报，一位空姐从我身边走过，帮我打开了阅读灯，而我觉得当时的自然光已经够了，就关闭了它，没想到另一位空姐经过时，又将它打开，我又关闭了。后来，每一位空姐到我这儿时，总是热心地帮我打开阅读灯，却没人问我'帮您打开阅读灯，好吗？'"CIP旅客（高级商务精英客人）于先生曾这样抱怨道。

国内一家航空公司金卡会员王先生也曾无奈地对媒体说道："我三个月以前在这家航空公司的航班上点过一次牛肉饭。'噩梦'随之而来，近3个月的乘机旅行中除了牛肉饭，再未品尝过其他空中美食。我决定下次再也不坐这家航空公司的班机了！"

这种固化的思维不适应贵宾（高端旅客）服务。贵宾服务不是把规定动作一丝不苟地做完，规定动作只算服务的基础，而以人为本、个性化服务才是贵宾（高端旅客）服务的灵魂和内涵。

3.要有延伸服务

贵宾服务人员还应认识到，对要客和高端旅客的服务仅仅有美食和鲜花是不够的，要能灵活处置、随机应变，做得比旅客期望得还要好，才是完善、成功的服务。

> **案例**
>
> 一次执飞北京至某地的航班任务，因为北京天气原因，航班长时间延误，餐食和机上物品发放完毕后又没有得到及时补充。头等舱的一位省级领导临时购票登机，由于会议时间的原因，领导在地面没来得及吃饭。飞机起飞后其秘书告诉乘务员："请给领导来点餐食。"乘务员回答："非常抱歉，没有了。"接着秘书又提出"有没有当天的报纸？"因发完了，乘务员只好委婉地笑着回答说"对不起，没有了。"秘书十分无奈地又问："有没有本省的日报？"，"因为在外站不能及时补充……"
>
> 乘务员连续回答了3次没有后，非常不好意思，马上报告了乘务长。乘务长来到领导跟前，微笑着说："很对不起，由于很多航班延误，地面没能及时补充，不过我们会尽全力为您提供一份可口餐食，好吗？"回到前厨房，乘务组一起合计着怎样能给旅客带来惊喜，想到机组自己带的面包，还有黄油，于是乘务长把面包切开，夹上黄油，送进烤箱，一会儿，香气四溢的果酱黄油面包和一杯茶送到了领导手中，领导非常高兴，随即美滋滋地吃了起来。同时，乘务组自制了简单而精美的小卡片，上面写道："首长，虽然今天我们的航班没能为您提供精美的头等舱餐食和报纸，但请您将我们的真诚服务和敬意带回家。祝您旅途愉快，工作顺利！"领导看了很受感动，将卡片放进衬衣口袋里。
>
> 半年之后，领导说起这件事还激动不已，并且仍保留着那张卡片。

由于贵宾（高端旅客）社会地位的特殊性，他们更愿意接受差异化、高品质的服务。各机场和航空公司为了满足要客等高端旅客的服务需求，要不断在软件和硬件上下工夫。

> **案例**
>
> 2011年1月11日，吉祥航空公司宣布，公司引进的经过豪华改装的三辆全新奔驰商务车在春运期间投入贵宾旅客的机场摆渡服务。这是目前国内唯一使用奔驰车作为贵宾旅客摆渡车的航空公司，而奔驰车也是目前国内最豪华的机场摆渡车。吉祥航空公司订制的这款奔驰商务车内部设计灵活，行驶稳定安全，安装有豪华登车踏板、智能恒温空调系统等高端配置，并在车身喷涂了彰显尊贵的"吉祥色"——代表吉祥航空的金色、酒红色，以及"吉祥凤凰"标志。

> 吉祥航空公司在贵宾车的使用上也做了创新,增加发车频次,打破满员发车的惯例,以减少贵宾旅客的等候时间;对车体也做了二次豪华,将真皮座椅改为五座并加宽间距,为贵宾旅客提供享受尊贵服务的宽敞舒适空间。吉祥航空公司还比照某国宾车队的操作规范严格培训贵宾车司机,致力于打造顶级服务、硬件一流、技术过硬的超水准贵宾车队,确保旅客平稳、安全、准时来往于候机楼及停机坪。

不仅是吉祥航空公司,国内其他航空公司和机场也都在为要客和高端旅客提供更具差异化和高品质的服务。

第二节 贵宾服务接待要求

一、贵宾接待过程的分析

一般来说,贵宾服务从其预订机票的那一刻就已经开始。

每个航空公司的销售系统都有高端旅客名单,特别是要客(在一些航空公司的要客目录中,两院院士也榜上有名)。只要有这些客人前来订票,各航空公司的旅客订座系统就会自动提醒:要客来了。

预计起飞前一天14:00,各始发机场和航空公司都得召开预先准备会,将要客基本信息传达到各单位的服务和保障部门。各部门根据自己的职责进行服务准备,确保次日地面和航班服务质量。

对特别的要客,航空公司和机场高层领导都需亲自迎接。特别是航空公司,有的高层领导还会亲自陪同送行。21世纪初,时任国务院副总理的一位贵宾由贵阳到北京,就是贵阳一家航空公司的总经理亲自随机前往北京送行的。

在硬件一流的机场贵宾室,常来常往的要客们还会有自己专用的物品(一般航空公司和机场都会为经常进出港的省部级领导保留专用物品,如茶杯、毛毯和餐具等)。至于要客喜欢喝什么茶、吃什么餐,要客服务员和空中乘务员都会认真记录,下次要客一来就知道如何服务。

要客通过安检,也许有些物品按规定不能带上飞机,这时要客服务人员要代为妥善保管。

有的要客喜欢在飞行途中好好休息,乘务员会在第一时间送上专用的毛毯和枕头,保持客舱适宜的温度和安静的环境。飞机上娱乐节目也要把声音调到最适合的音量。

飞机到达目的地后,按规定,请要客先下飞机,贴有"VIP"标志牌的行李也需要在最短的时间内送到要客手中。

送客是要客服务的最后一个环节。如果处理不好将影响整个服务工作的效果。为要客送行，重在送出一份尊重。因此，机场和航空公司相关领导必须前来送行。出港的，可送至飞机廊桥口；进港的，则送至要客服务部大门外，并且要在要客的身影完全消失后再返回。否则，当要客走一段路再回头致意时，发现送行人员已经不在，难免产生不满的情绪。分手时，送行人员应充满热情地招呼要客"慢走""再见"和"欢迎再来"等。

二、贵宾服务任务要求

① 地面服务保障部门应掌握航班动态信息，熟练运用地面服务相关信息系统（离港系统、地服系统、常客系统、行李查询WORLDTRACE系统、订座系统、高端旅客服务系统等），主动为高端旅客提供服务指引、业务咨询。

② 为高端会员旅客提供里程查询、里程补登等会员服务。

③ 为非会员头等/公务舱旅客提供现场入会服务，发展其成为会员。在有条件的机场可现场为旅客制作并发放正式会员卡。

④ 确保高端旅客服务在地面各环节的实施，如金/银卡高端旅客座位前置、行李优先交付等。

⑤ 及时处理高端旅客的现场投诉，尽量在现场解决相关问题，避免投诉升级，并做好相应记录备查。

⑥ 及时处理高端旅客在地面各服务环节的突发事件，对服务接口问题以及对高端旅客的特殊需求进行沟通、协调和督促，并做好相应记录备查。

三、贵宾服务素质与技能要求

如前所述，贵宾（高端旅客）服务不能只做规定动作，服务内容也不在多而在于恰到好处，较高品质的服务能让贵宾在享受服务的过程中有满足感和被尊重感，最后产生对这种服务的信赖。

贵宾服务又分为功能性服务和心理服务。一般而言，功能性服务是满足贵宾的物质需求，而心理服务是满足贵宾的精神需求，有时两者是不可分割的。正因为如此，贵宾服务人员必须具备相应的心理素质与服务技能。

（一）心理素质

1. 敏锐的注意力

人类的心理活动伴随着个人注意力的集中而产生。注意是指人对一定对象的心理指向和集中。国际管家协会主席威尼克尔斯先生举过这样一个例子：当一个人走进一间坐有十几个人的会议室时，在5秒钟内他可以收集到十几条信息，但说出来的一定是特别引起他注意的信息，比如，会议的台型，主持人是男性还是女性，主持人着装风度及相貌等。这个测试说明，人们对着装、容貌持特别关注的心态。因此，贵宾接待人员在注意和观察客人或他人的时候，其本人也是客人或他人注意和观察的对象。贵宾接待员的准确观察是为客人主动服务的基础，要努力培养准确、敏锐的注意力。

2. 较强的记忆力

记忆是人脑对过去经验的反映。记忆的基本过程包括识记、保持、再忆、回忆。贵宾接待员除了记住比较复杂的接待服务操作规程以及贵宾厅设施、服务简介、航班信息等问讯服务常识以外，还要熟悉回头客及老客户的相貌特征、单位及姓名等，并能积极主动地提供有针对性的服务。

3. 敏捷的思维能力

如果说记忆是人的认识过程的初级阶段，那么思维就是人的认识过程的高级阶段。人在认识外界事物时，不但能直接感知个别事物的表象，而且能够发现事物的本质和事物内在的、有规律的联系。贵宾接待员要学会通过观察客人外表、职业、表情等变化，及时、准确地推断出客人的心理。揣摩客人心理，实际上就是指观察、分析、推断客人心理的思维过程。

4. 良好的情感自控能力

情感是人对客观事物的态度、体验和心理满足程度。情感和需求有着密切的联系。一般来说，能满足人们精神或物质需要的事物，都会使人产生肯定、积极、满意的情感。贵宾接待员待客热情、彬彬有礼，使客人感到非常满意。显然，这种满意的情感就能使客人得到精神和物质上的满足。人的情感是复杂的，主要有激情、心境、热情三种表现形式。有时服务人员处于激动状态下很难自制，表现为过激的动作和言辞；有时处于闷闷不乐的心境状态，对客人爱答不理。发生服务员与客人争执、口角时，多数正处于不良心境之中。贵宾接待员应学会控制自己的激情和心境，尤其要理智对待个性强的客人。

（二）基本技能

1. 语言沟通技能

语言，特别是服务用语，是为客人提供优质服务的前提条件。贵宾接待员要培养并掌握语言技巧，委婉地说服客人，使客人信任自己，愿意接受服务。正确、中肯、友善的语言，可以避免客人产生疑惑、误会或曲解。贵宾接待员语言表达能力强，有助于增加客人信赖感并成为回头客。经常接待外宾的贵宾接待员，还应使用相关外语为客人服务，同时进行有效地沟通。

2. 操作技能

操作技能主要是肌肉运动。它表现在外在的、连贯并受控制的动作能力。例如，端、拿、倒、送和收等技能都属于这一类，如图2-4所示。

操作技能形成一般要经过模仿学习阶段和熟练掌握阶段。在模仿学习阶段，其特点表现为：根据训导员的示范，进行复杂动作的分解，感觉动作的要领，有步骤地反复练习，直至单独操作。在熟练掌握阶段,其特点表现为:能把分解动作予以连贯,程序不乱,大脑和动作协调一致,清除紧张心理及多余动作。

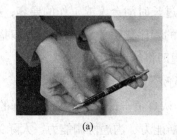

图2-4　贵宾休息室服务员递送物品动作

3.心智技能

心智技能是人的大脑内部认识相关事物,产生主导意识的能力,包括感知、记忆、理解和思维,以思维为表现形式。例如,解决问题、计划做事和特殊情况处置等的技能都属于这一类。掌握正确的思维方法,是心智技能的主要特点。

动作技能和心智技能往往是相互配合的。例如,咖啡应该怎么煮、怎么调配、怎么送都是学问,它既包含了动作技能,也包含了心智技能。给要客或者高端旅客送咖啡时,杯子和盘子也都有讲究,要客的杯子一般可选择素雅的、简洁的,小匙也可选择净色、庄重且档次高的。咖啡勺应是清洁的、无使用痕迹的,横放在小盘内,咖啡勺的勺柄与咖啡杯杯把方向一致,均处于要客右手旁,如图2-5(a)所示。而商务客人则可选择色彩较鲜艳活泼,花色比较新颖的杯子,小匙也可以选择比较个性化的,如图2-5(b)所示。

图2-5　机场贵宾室常用的咖啡用具

4. 应变能力

贵宾接待员通过对客人"察言观色"，准确揣摩客人心理，并根据客人身份、宗教信仰等特点，有针对性地提供个性化服务，使客人获得最大满足感。

要客和航空公司的高端旅客在服务需求上与普通旅客不一样的地方，还表现在不需要按照固定的服务程序进行服务，而是要根据其当时需求进行服务。

要客服务中，我们经常会遇到开了一天会，又匆匆赶来乘机的要客。要客登机后，按照规定，就座后，服务人员应为其做自我介绍并提供热毛巾、迎宾饮料、报纸、拖鞋和订餐等服务。但是，服务人员要设身处地为其考虑，经过长时间会议或工作的要客，精神高度紧张、非常疲惫，此时他们最需要的显然不是按部就班的程序化服务。"请给我一双拖鞋，让我能放松双脚，我需要零打扰的服务，"几个小时的航程即将结束时，服务人员送上一条热毛巾擦擦脸，递上一杯热茶或果汁，往往会使要客更感到舒心。

此外，贵宾接待员还应具备较广的知识面、认真负责的工作态度、良好的心理素质、熟练的技能技巧及较强的记忆能力、计算能力、判断能力、沟通协调能力、人际关系能力等。

第三节
贵宾服务礼仪

中国素以"礼仪之邦"著称于世，讲"礼"重"仪"是中华民族世代相传的优秀传统，源远流长的礼仪文化是先人留给我们的一笔丰厚财产。礼仪从字面含义来讲包含"礼"和"仪"两部分，"礼"即礼节礼貌等行为规范，"仪"即仪容仪表等个人形象展示。社会心理学的研究告诉我们，人与人之间的沟通所产生的影响力和信任度，是来自语言、语调和形象三个部分。但是它们的重要性比例是：语言只占7%；语调占38%；视觉（即形象）占55%。由此可见，形象的确是一种征服人心的利器。

了解当今社交礼仪的基本知识和塑造良好职业形象对机场贵宾工作绩效会产生积极、重要的影响，它既可以提高员工整体素质、增强自信，从容应对各种社交场合，又可以帮助航空企业塑造良好的企业形象，赢得客户好感，从而在竞争中脱颖而出。

一、仪容标准

（一）女服务员的仪表要求

1. 发型要求

女员工发型分长发、短发两种标准。头发要保持健康、光泽、无头皮屑，发色可以染成统一、均匀的黑色或接近发色的自然色，不得挑染。任何一种发型都要梳理整齐，使用摩丝或定型水，使头发保持光洁。

（1）短发　短发可卷可直，不可遮眉；最短不得低于耳垂底部，最长不得超过衬衫领上限；额前发（刘海儿）长度：保持在眉毛上方1～2厘米；应保持整洁，不得留怪异（如翻翘式、爆炸式）发型，如图2-6所示。

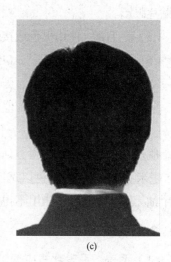

图2-6　短发

（2）长发　长发要束起盘于脑后；发髻大小高低要适中，高度以耳部上缘为宜；发髻饱满美观，不留鬓角；刘海儿长度应保持在眉毛上方1～2厘米；发型梳理成型后，不得有散发或碎发，如图2-7所示。

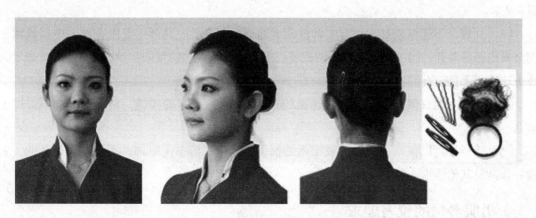

图2-7　长发

（3）发饰　只限公司配发的式样，不准戴其他花色，可以使用无饰物的黑色小发卡及发网，但不得使用发箍及彩色发卡，禁止使用假发套，如图2-7所示。

2.化妆要求

在当班期间应始终保持完整的妆容，但不得在旅客面前补妆。

（1）粉底　选择与肤色接近的粉底，质地柔和，不宜过厚或过薄。粉色在面、颈、耳部应柔和过渡，不应有明显的痕迹与界线。

（2）定妆粉　选择粉质细腻透明，无反光闪粉效果，施粉均匀自然。

（3）眉毛　眉型自然美观，不可过粗或过细。眉色应与发色一致。

（4）眼影　配色勾画眼部立体感；主色作眼尾的修饰，但不宜太浓。忌用珠光过强及闪粉贴片眼影。

（5）睫毛膏　使用黑色或接近于黑色的深棕色、深蓝色的睫毛膏。

（6）腮红　选择与眼影、口红以及服装色调相适宜的腮红。

（7）口红　选择与眼影、腮红以及服装色调相适宜的口红。

（8）香水　如使用香水，应以清香淡雅为宜。

（9）皮肤及指甲　应保持外露皮肤尤其是面部、耳部、颈部、手部皮肤清洁滋润，避免干燥脱皮现象；指甲修剪得整洁美观，长度适中不超过指尖2毫米（涂指甲油的指甲长度不超过5毫米）；染指甲的颜色以透明色、肉色和淡粉色为限；指甲油涂抹均匀，无荧光、闪粉，指甲油无脱落等现象，指甲不得有装饰图案。

3.饰物要求

（1）手表　手表款式应简洁、大方，时针、分针刻度清晰明显；表盘形状以传统圆形、椭圆、长方形为主，不得有变形或异形表盘，直径或长度不超过4厘米；表带以金属和皮质为宜，宽度不得超过2厘米，且皮质表带的颜色限制在黑色、深棕色、深蓝色；禁止佩戴形态夸张、色彩艳丽、华丽装饰、卡通设计、工艺广告等形式的手表。

（2）戒指　可以在中指或无名指上佩戴一枚无镶嵌物的金质或银质的细指环，宽度不超过6毫米。

（3）耳饰　不能佩戴过大、有装饰性或卡通造型的耳针、耳环；仅限在耳垂中部佩戴一副金质或银质耳针，同一侧不得佩戴两枚或以上的耳针；装饰物仅限单颗直径不超过8毫米的浅色珍珠或无色钻石。

（4）项链　允许佩戴一条纯金或纯银的宽度不超过3毫米的项链，相关坠饰物不得过于夸张。

（5）手链　可以佩戴一条金质或银质的细手链，设计简单无坠饰，不允许佩戴脚链、手镯、珠链及其他饰物。

（二）男服务员的仪表要求

1.发型要求

男士发型以干净整洁、职业干练为宜。前侧头发保持在眉毛上方2厘米以上，后部头发底端不得超过衬衣领上线，侧面头发不应遮住耳部，鬓角不得长于耳垂底部。短发不可过短，以不露出头皮为宜。保持头发清洁，无头屑，不油腻，可以染成黑色或接近发色的自然色。不剃光头，不留怪异发型。

2. 仪容要求

（1）面容　上班前须净面，不留鬓角，鼻毛不外露。剃须净面，修剪鼻毛、耳毛，面部保持清洁。禁止留胡须，保持口腔清新无异味，如图2-8所示。

图2-8　面容

（2）皮肤和指甲　应保持外露皮肤如面部、耳部、颈部、手部皮肤清洁，无干燥脱皮现象。指甲修剪得整洁美观，长度不得超过手指尖2毫米。手指不得有被烟熏黄的痕迹。

（3）体味　保持体味清新，不得有烟、酒和葱蒜等异味。

3. 饰物要求

（1）手表　要求同女服务员。

（2）戒指　可以在中指或无名指上佩戴一枚金质或银质的无镶嵌物的指环，宽度不得超过8毫米。

二、着装规定

1. 贵宾服务人员的着装标准

穿着制服时，必须系好纽扣、衣带；服务号码牌、特色牌应别于左胸上方，特色牌别于号码牌下方；使用公司统一配发的证件挂戴，将控制区通行证挂在胸前。

2. 贵宾服务人员在着制服时不得出现的情况

① 制服上有污垢、掉纽扣、皱褶、撕破、织补或毛边等现象。

② 喧哗、嬉笑或打闹。

③ 抽烟、嚼口香糖等。

3. 制服的保养

制服穿脏后应及时清洗，保持干净整洁。除围巾、衬衣和围裙可湿洗外，其他应干洗。

4. 冬季迎客时的着装规定

气温较低时，站在客梯车或廊桥上送客的服务员可着风衣或大衣；到室内后，应及时脱掉大衣或风衣进行服务。服务员的换装时间可根据当年实际气温适当调整，以通知为准。

三、仪态标准

1. 站姿要求

头部抬起，面部朝向正前方，双眼平视，下颌微微内收，颈部挺直。双肩自然放松端平且收腹挺胸。两腿并拢，双脚呈"V"字形或"丁"字形站立。女服务员要求右手轻压左手，交叉相握，四指并拢叠放身体前面。男服务员要求双手相握放在身后，或一只手半握拳，另一只手握其手腕处，亦可以双臂自然下垂，双手并拢中指紧贴裤缝。如图2-9所示。

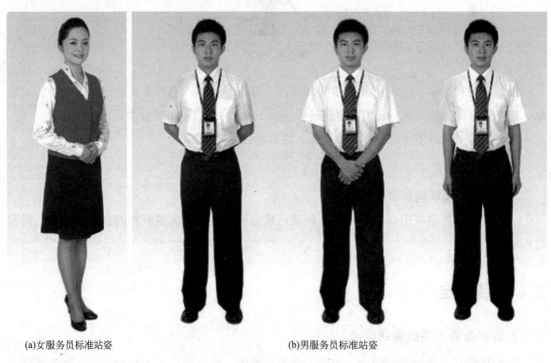

(a) 女服务员标准站姿　　　　　　　　(b) 男服务员标准站姿

图2-9　站姿

2. 坐姿要求

头部挺直，双目平视，下颌内收。抬头挺胸收腹，上身微前倾，两肩放松勿靠背。上身挺直微前倾，就座在椅子三分之二以内。双腿并拢，手搭放在腿上，如图2-10所示。

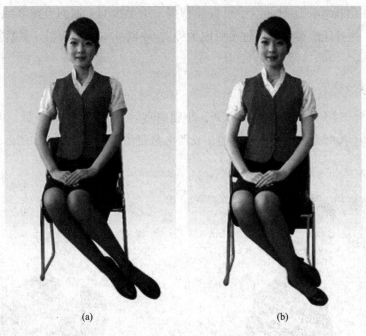

图2-10 服务员标准坐姿

3.行姿要求

挺胸抬头,目视前方。双臂自然摆动,步速均匀,步态平衡。行走时,重心稍前倾,注意步位,即双脚内侧基本踩在一条直线上,全脚掌着地。注意步幅,前脚跟与后脚尖之间的距离为一脚长,男士的步幅稍大,如图2-11所示。

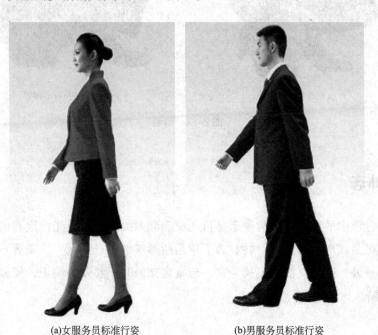

(a)女服务员标准行姿　　　　　　(b)男服务员标准行姿

图2-11 行姿

女服务员在巡视贵宾厅时，双手可自然相握，抬至腰间。迎面有旅客或领导、同事时，应主动停下来，侧身让旅客先行通过（可用手势），并以身体面向旅客。非紧急情况下，在候机厅内不应跑步。

4.蹲姿要求

弯腰超过45°时下蹲，两脚前后分开，小腿前直后平。双腿一高一低，捡东西时，右手捡时右腿低，左手捡时左腿低。动作轻盈，女服务员要注意裙角处理，如图2-12所示。

(a)女服务员标准蹲姿　　　　　　　　　　　　(b)男服务员标准蹲姿

图2-12　蹲姿

四、表情神态

贵宾服务过程中最重要的表情神态是目光交流和微笑服务。目光传递着内心的关注，对客的目光凝视区是以两眼为上线、唇心为下顶角所形成的倒三角区。注视客户的面部时，最好不要聚焦于一处，而应以散点柔视为宜。与旅客交谈时，要姿势端正，使目光平视旅客或低于旅客的眼睛。

1.平视

面对同事朋友等时可平视，体现出平等、公正或自信、坦率，如图2-13所示。

图 2-13 平视

2.仰视

面对长辈、领导、VIP 旅客时,可仰视,体现出尊敬,如图 2-14 所示。

图 2-14 仰视

3.俯视

对待儿童、轮椅旅客老人时可俯视,体现服务人员的关怀、关心和爱护,如图 2-15 所示。

图2-15 俯视

最后,永远记住四句话:表情应亲切自然、不紧张拘泥,神态真诚热情、不过分亲昵、眼神专注大方、不四处游动,微笑的人永远受欢迎。

案例

1. 有一位德国专家到日本工作,常往返于东京、大阪。几周后他发现,他每次座位的窗口都朝着日本的圣山——富士山。这件事令那位德国专家激动不已。分析这件事为什么会令那位德国专家激动不已?

2. 1962年,周恩来总理到西郊机场为柬埔寨的西哈努克亲王和夫人送行。亲王的飞机刚一起飞,参加欢送的人群便自行散开,准备返回,而周总理这时却依然笔直地站在原地未动,并要工作人员立即把那些离去的同志请回来,并狠狠地批评了相关同志。

当天下午,周总理就把外交部礼宾司和国务院机关事务管理局的负责同志找去,要他们立即在《礼宾工作条例》上加上一条,即今后到机场为贵宾送行,须等到飞机起飞,绕场一周,双翼摆动三次表示谢意后,送行者方可离开。

请分析周总理为什么对相关同志提出批评?被批评的同志违反了什么送客礼仪规范?

课后思考题

1. 简述机场贵宾需求心理。
2. 何谓个性化服务?
3. 机场贵宾服务有哪些技能要求?
4. 不同性别的机场贵宾接待人员在仪容标准上有何不同?
5. 贵宾接待过程中,针对不同的服务对象,表情神态有何差异?

第三章

机场贵宾服务人员的素质培养

> **学习目标**
>
> 1. 了解机场贵宾贵宾服务人员的素质要求;
> 2. 熟悉并掌握机场贵宾服务人员的亲和力的培养;
> 3. 熟悉并掌握机场贵宾服务人员的观察与领会能力的培养;
> 4. 熟悉并掌握机场贵宾服务人员的表达与沟通能力的培养;
> 5. 熟悉并掌握机场贵宾服务人员的应变处置能力的培养。

由于机场贵宾服务有其特殊性,因此,机场贵宾服务人员的素质要求也相对较高,需要具备一定职业能力和素养。所谓素质,是指一个人在政治、思想、作风、道德品质、知识和技能等方面,经过长期锻炼、学习所达到的一定水平。它是人的一种较为稳定的属性,能对人的各种行为起到长期的、持续的影响甚至决定作用。素质总是和人完成一定的活动联系在一起的,其具体体现在个人知识、能力和态度等几个方面。素质不是与生俱来的,而是后天培养的。不同的岗位对素质的要求也不尽不同。本章主要介绍的是机场贵宾服务人员的亲和力、观察力与领会能力、表达与沟通能力以及应变处置能力的培养。

第一节　机场贵宾服务人员的素质要求

由于个人的成长环境、性格不同,内在的知识水平及文化修养有差异,造成行为习惯不同。每个人以个人良好的文化素养、渊博的学识、精深的思维能力为核心，形成一种非凡的气质和素养。良好的职业素质需要长时间的锻炼和培养。作为一名合格的机场贵宾服务人员，更需要长期不断地加强自身文化水平的提高、良好性格的培养和自身的修养，将外在的美和内在的美相结合。

一、人的素质取决于三大要素

1. 态度

态度是个体对特定对象（人、观念、情感或者事件等）所持有的稳定的心理倾向。这种心理倾向蕴含着个体的主观评价以及由此产生的行为倾向性。态度是主观能动性的问题。一个人是否具有知识和学习能力是可以衡量的，例如某人是大学毕业生，并具备较强的学习能力，但是他是否具有主观能动性、工作态度如何，这些是外在看不出来的。

2. 知识

知识是人类在实践中认识客观世界（包括人类自身）的成果，它包括事实、信息的描述或在教育和实践中获得的技能。对航空服务专业学生来说，知识是指完成本职工作所必备的知识，如航空专业学生学过航空服务和技能理论等。

3. 能力

能力是完成一项目标或者任务所体现出来的素质。能力总是和实践联系在一起的，离开了具体活动，既不能表现人的能力，也不能发展人的能力。也可以说能力是指既掌握了专业知识，又能把知识应用于实践。例如，在管理方面，有的人掌握的知识很丰富，说起来头头是道，但是在实践中却管理不好；有的人既有知识，又能把事情和人管理得井井有条，这种人才是真正地具备综合管理能力。

二、机场贵宾服务人员的基本素质

1. 显性素质

机场贵宾服务是民航运输服务的重要组成部分，它直接反映了机场或航空公司的服务质量。在激烈的航空市场竞争中，直接为贵宾服务的服务人员的专业知识和工作能力，对民航企业占领市场、赢得更多的回头客起着至关重要的作用。高雅、端庄、美丽、大方是人们对机场贵宾服务人员的一致印象，但是仅此标准是远远不能胜任这个职业的。

作为一名合格的贵宾服务人员，需要的专业知识包含以下内容。

（1）业务知识　例如，作为一名为两舱旅客提供服务的乘务员，在飞机上不仅仅要端茶送水，还需要掌握更多的知识，比如，航班今天是飞往美国，首先要掌握美国的国家概况、人文地理、政治、经济、航线地标等，其次要掌握飞机的客舱设备、紧急情况的处置、飞行中的服务工作程序以及服务技巧等。可以说，乘务员上要懂天文地理，下要掌握各种服务技巧，不仅要有漂亮的外在美，也要有更加丰富的内涵。

（2）语言技巧　语言本身代表每一个人的属性，一个人的成长环境会影响说话习惯，作为一名贵宾服务人员要学会说话的艺术。不同的服务语言往往会得到不同的服务效果。掌握不同的说话技巧，如对不同身份背景的重要旅客、两舱旅客或是普通旅客的说话技巧，对航班不正常时的说话技巧。

在服务中，往往由于一句话，会给服务工作带来不同的结果。一句动听的话，会给航空公司带来很多回头客；也可能由于一句难听的话，旅客会永远不再乘坐这家航空公司的飞机，乘务人员可能还会遭遇旅客投诉，所以得罪了一名旅客可能相当于得罪十名或上百名旅客。

 案例

头等舱吃不了的给我吃？我不吃！

在一个航班上，机上的正餐有两种热食供旅客选择，但供应到某位旅客时，他所要的餐食品种刚好没有了，乘务员非常热心地到头等舱找了一份餐食送到这位旅客面前，说："真对不起，刚好头等舱多出了一份餐，我就给您送来了。"旅客一听，非常不高兴地说："头等舱吃不了的给我吃？我不吃！"

由于语言不得当，乘务员的好心不但没有得到旅客的感谢，反而惹得旅客不高兴。如果这名乘务员说："真对不起，您要的餐食刚好没有了，但请您放心，我会尽量帮助您解决。"这时，乘务员可以到头等舱看看是否有多余的餐食能供旅客选用。拿到餐食后，再送到旅客面前时，说："我将头等舱配备的餐食提供给您，希望您能喜欢！欢迎您下次乘坐我们航空公司的飞机，我一定首先请您选择我们的餐食品种，为您服务！"同样的一份餐食，但不同的话，却带来了不同的结果，这就是说话的艺术。作为一名合格的乘务员，语言得当真是太重要了。

美丽、端庄、大方的外表给人们留下了固定的贵宾服务人员的形象特征，怎样才能形成专业化的形象特征呢？

首先，机场贵宾服务人员的专业化形象是在日常生活中逐渐学习和养成的，不能指望上几天课，就能将自己培养成一名气质出众的贵宾服务人员。学习礼仪的目的就是要树立和塑造贵宾服务人员的形象，这包括外在和内在两方面的内容。内在的包括素质的提高、心灵的美和丑；外在的提高包括仪容仪表、语言行为等。外在形象作为内在素质的体现，是以内在素质为基础的，所以只有加强自身的修养，才能做到"秀外慧中"，真正树立起应有的职业形象。

（3）谈吐礼仪　俗话说："良言一句三冬暖，恶语伤人六月寒。"可见语言使用是否得当，是否合乎礼仪，会产生迥然不同的效果。日常生活中，人们运用语言进行交谈、表达思想、沟通信息、交流感情，从而达到建立、调整、发展人际关系的目的。一个人的言谈是考察一个人人品的重要标志。

① 言谈的仪态。不论是作为言者还是作为听者，交谈时必须保持精神饱满，表情自然大方、和颜悦色，应目光温和，正视对方。

② 话题的选择。首先要选择对方感兴趣的话题，比如与航空有关的话题，飞机飞多高，航班飞过的航线地标，在飞行中需注意的问题等。

③ 言者的表现。机场贵宾服务人员与旅客谈话时，语言表达应准确、语意完整，声音轻柔、语调亲切、语速适中，同时要照顾旅客的情绪和心情，不可自己滔滔不绝说个没完，也要给旅客留下说话的机会，做到互相沟通。

④ 做一名耐心的听众。与旅客谈话中，机场贵宾服务人员要注意耐心听取旅客的话，对谈话的内容要做出积极的反应，以此来表现诚意，如点头、微笑或简单地重复旅客的谈话内容，同时恰如其分的赞美是必不可少的，它能使交谈气氛更加轻松、友好。

2. 隐性素质

（1）**服务意识** 在激烈的市场竞争中，服务质量的高低决定了企业是否能生存，市场竞争的核心实际上是服务的竞争。民航企业要想在市场竞争中赢得旅客，就必须提高服务理念。

服务意识是经过训练后逐渐形成的。意识是一种思想，是一种自觉的行动，是不能用规则来保持的，它必须在每位机场贵宾服务人员的人生观里，成为一种自觉的思想。

（2）**热爱本职工作** 对工作的热爱不是一时的，当自己理想中美好的生活被现实辛苦的工作打破后，还能一如既往地主动、热情、周到、有礼貌、认真负责、勤勤恳恳、任劳任怨做好工作。

（3）**有吃苦耐劳的精神** 以为机上两舱旅客服务的乘务员来说，他们的工作是在空中飞来飞去的令人羡慕的职业，但在实际工作中他们却承担了人们想不到的辛苦，飞远程航线的时差不同、飞国际航线旅客不同，工作中遇到的困难和特殊情况随时都会发生，没有吃苦耐劳的精神，就承受不了工作的压力，做不好服务工作。

（4）**热情开朗的性格** 机场贵宾服务人员的工作是一项与人直接打交道的工作，他们每天在机场或是飞机上要接触上百名旅客，随时需要与旅客进行沟通，没有一个开朗的性格就无法胜任此项工作。

第二节
亲和力的培养

"亲和力"最早属于化学中的概念，指两个原子的结合力。现在则越来越多地被用于人际关系领域。亲和力比喻使人亲近、愿意接触的力量。某人对另一人具有的友好表示，通常就形容这个人具有亲和力。

亲和力是让人能够感到亲切与放松的一种魅力，是机场贵宾服务人员的根本素质，也是让服务对象接受服务的桥梁。没有亲和力，服务就没有生气。亲和力可以拉近服务人员与机场贵宾之间的距离，使贵宾旅客在准备乘坐飞机出行时，能第一时间想到我们的服务。

一、亲和力的内容

亲和力主要包含：一是可亲近的对人态度，即在工作人员的言谈举止、待人接物中自然流露出来的内心的真诚及对贵宾的尊重，表现为机场贵宾服务人员性格中随和、包容和乐观的吸引力；二是可信赖的对事态度，即贵宾服务人员在工作中表达出来的社会责任感、价值观、情感倾向与社会核心价值观一致性程度达成的凝聚力；三是可接受的贵宾服务业务能力，即贵宾服务人员语言的传播方式、话语为服务对象喜闻乐见所产生的感染力、服务的程序和服务的方式方法。总之，机场贵宾服务人员对服务对象的态度和在服务过程中的各种表现，包括对人、对事态度以及服务技能所形成的吸引力、凝聚力和感染力的契合程度越高，亲和力就越强。

机场贵宾（特别是商务机场贵宾）之所以花高价购买高端舱位，在一定程度上是冲着地面和空中服务硬件以及软件（服务水平）购买服务的，或者说，是在认可了机场贵宾服务人员（空中乘务员）的工作后才认可机场贵宾服务的。对机场或航空公司的机场贵宾服务部门而言，工作人员的水平和数量也已成为代表单位实力的一个重要标志。由此可见，机场贵宾服务人员在要客服务单位，甚至是机场贵宾心目中的地位之高是毋庸置疑的。

机场贵宾服务人员具有亲和力，可以将服务对象吸引在贵宾厅，可以促使机场贵宾更加踊跃地进行互动，还可以提高机场贵宾对机场贵宾服务瑕疵的宽容程度，在一定意义上保证服务的成功。

二、亲和力的培养

1.正确心态

机场贵宾服务人员的亲和力首先来自于其对待机场贵宾的正确心态。所谓正确心态，就是指机场贵宾服务人员要以平等的态度对待机场贵宾，给予机场贵宾应有的尊重。

2.文化素养

机场贵宾服务人员需有较高的文化素养。文化素养是通过不断地学习逐渐培养的，机场贵宾服务人员只有厚积才能薄发。具备较高的文化素养并非指要求机场贵宾服务人员成为某一方面的专家，而是要对各方面的知识都有所涉猎，这样在面对各种特殊客人时才能做到有话可说。

3.相应的气质

机场贵宾服务人员要有与从事的工作相吻合的气质。机场贵宾服务工作的性质其实已经定位了机场贵宾服务人员的气质，只有机场贵宾服务人员的气质与工作相吻合，才可能在服务过程中流露出强大的亲和力。

4. 幽默元素

机场贵宾服务人员在为机场贵宾提供服务时同样也需要幽默，因为幽默可以放松现场气氛，让机场贵宾服务人员显得平易近人，赢得机场贵宾的好感；也可以展现机场贵宾服务人员的智慧与魅力，让其在服务时更能游刃有余。

5. 敏捷的思维与应变能力

随着社会的发展，贵宾与贵宾服务人员并非单方面的服务关系，机场贵宾也更频繁地直接对服务进行反馈，可能出现在现场与机场贵宾服务人员争辩甚至指责、投诉机场贵宾服务人员。这种情况下，机场贵宾服务人员必须沉着应对，只有得体的应对才能获得机场贵宾对服务人员的尊重及对服务工作的支持。

6. 语言能力

机场贵宾服务是一门以行动、语言为表达手段的富有创造性的工作，从事这项工作的机场贵宾服务人员是推广普通话的标兵，工作性质要求他们要字正腔圆地进行表达。但讲好普通话只是基础，要真正做好机场贵宾服务工作还必须在此基础上对语音、语调、语感、语速以及语言组织能力进行提高。

7. 一定的表演技巧

现在机场贵宾对服务的要求越来越高，他们追求轻松、愉快的候机服务，甚至偶尔会有要客提出："小伙子（姑娘），能给我们表演个节目吗？"这个时候，机场贵宾服务人员唱支歌、变个小魔术或说个笑话等，会使服务对象感受到服务的自然与和谐；同时，机场贵宾服务人员自己也能融入到其中，增强自身的亲和力。

亲和力似乎是一种有点玄妙的能力。有些人辛苦培养许久一无所获，而有的人却天生就容易被人接受，如图3-1所示。其实，亲和力并不是与生俱来的，它与一个人的读书经历有关，与工作的积累有关。人的气质往往是由内而外的，人的内在最终决定了其是否具有亲和力，是否会被机场贵宾接受。

图3-1 乘务员表现出亲和力

由此我们可以得出结论，机场贵宾服务人员的亲和力应是质朴而纯真，不矫揉造作，能够把人与人之间的距离缩短，让机场贵宾可以感受到服务人员的亲切和真诚。只有真正保持一颗平常心，把服务对象当亲人，时时处处为服务对象着想，服务对象才会喜欢你、接受你，有什么急事、难事愿意找你，其内心的感受也愿意说给你听，真正把你当成亲人。这样，他们在接受服务的时候也会有更多的理解和宽容。

第三节 观察和领会能力的培养

机场贵宾服务是服务工作中标准较高的一项。从事这项工作的人员不能只是按部就班，按标准、按程序完成工作，而要动脑、用心，除了研究服务技巧、改善服务工作，还要创新服务理念。要实现这些，就需要我们在实践中用心观察，了解旅客的习惯、兴趣和爱好；同时，要观察别人如何提供服务，学习别人好的方法，丰富和改善服务技巧。优秀的机场贵宾服务人员和空中乘务员都需要具备敏锐的观察力，能够在旅客提出需求之前就已经把服务工作做到位。

一、观察力的要点

从心理学的角度说，观察与分析、判断等思维过程是联系在一起的，是一种有目的、有计划的知觉。机场贵宾服务人员提高观察能力应注意下列5个方面。

1. 观察的目的性

机场贵宾服务人员要善于将自己的感知活动指向明确的观察对象。首先，应充分调动自己的感知系统，使其服从于选择的观察目的。其次，要把观察目的具体化，观察的目的越明确、具体，观察的效果就越好。最后，观察的最终结果是按机场贵宾需要做好服务。总的来说，观察的最终目的就是做到"眼中有活，心中有事"，即通过观察发现需求，提前做好服务准备，机场贵宾还没有开口就已经提前提供服务了。

2. 观察的客观性

机场贵宾服务人员要实事求是地对待事物。科学观察的最重要的特征就是客观性，只有排除主观因素，如偏见、已有知识经验和情感等的干扰，按照事物的本来面目进行观察，才能获得准确的感性材料而做出合乎事实的结论。

3. 观察的敏锐性

机场贵宾服务人员要善于从司空见惯的现象中看到不寻常的东西。例如，烧开水时，水蒸气使壶盖动起来是司空见惯的现象，可是瓦特却敏锐地观察到了它，从而发明了蒸汽机。观察的敏锐性具体表现为观察的高速度和高质量。

4.观察的全面性

机场贵宾服务人员要学会从多角度、全方位观察事物。机场贵宾服务工作十分复杂，涉及许多单位、部门、人以及事，这就要求我们在观察事物时，必须全面看待问题，对事物进行系统的了解，切不可以只言片语或一时一事去判断事物。平日里大家常说的"眼观六路，耳听八方"，实际上就是指观察要全面。

5.观察的精确性

机场贵宾服务人员要学会从纷繁复杂的事物中区分出细微而重要的特征。要想做到这些，只有细致地进行观察，才能抓住有价值的、细微的特征，获得良好的效果。例如，德国化学家李比希在从海藻里提取碘时，发现在母液的底部沉积着一层深褐色物质，他在粗略观察之后，就认定它是"氯化碘"。后来，年仅23岁，当时还是助手和学生的法国化学家巴拉德做同样的实验时，对这种液体反复地进行了研究，最终证明这是一种人们还没有发现的新元素——溴，而不是"氯化碘"。细致的观察，使巴拉德发现了"溴"。而李比希观察草率，失去了发现新元素的机会。

机场贵宾服务人员只有通过细致观察，并认真总结观察结果，才能对不同机场贵宾（高端旅客）的服务倾向性有所了解，从而减少服务的盲目性和差错机会。

二、运用观察力做好机场贵宾服务工作

前面讲了培养观察能力，其实就是要运用观察结果来帮助我们做好机场贵宾服务工作。那么，机场贵宾服务人员的工作中应该注意观察哪些方面呢？

1.外部特征观察

从机场贵宾的外部特征开始观察，既要观察总体情况，也要注意局部特征。

（1）通过表情判断　人的面部表情不仅反映了其当时的情绪情感、精神状况，同时也反映了其过去或者未来的心理变化趋势。如果机场贵宾一脸倦容，我们就应该让他好好休息，不要轻易打扰。

（2）通过语音、语速判断　机场贵宾由于工作特殊，一般与工作人员谈话不多，我们要从其表情上、声调上观察出他的需求。

（3）通过目光判断　机场贵宾服务人员要通过目光判断机场贵宾的态度。例如，交谈时，机场贵宾目光自下而上注视着服务人员，一般有询问的意思，表示"我愿意听你的下一句"；目光自上而下注视着服务人员，表示"我在注意听你讲话"；机场贵宾如果头部微微倾斜，目光注视着服务人员，一般表示"哦，原来是这样"；眼睛光彩熠熠，一般表示对服务人员的谈话充满兴趣；如果看表，服务人员就该主动结束谈话了。

2.语言行为和习惯观察

如果机场贵宾心情轻松的时候,一般会主动询问服务人员的工作或学习情况;当工作压力较大或思考问题时,一般不会跟服务人员谈话;如果机场贵宾环顾四周寻找工作人员的时候,一般是有协助需求,机场贵宾服务人员要注意观察。

机场贵宾一般比较遵从自己的生活习惯,包括饮品、水果等。例如,某位省长就喜欢喝普洱茶,吃芒果。机场贵宾服务人员只有认真了解,才能更准确地提供服务。

3.行李物品、用具观察

通过机场贵宾携带的行李物品,可以判断机场贵宾的出行距离。机场贵宾一般公务出行较多,在外时间短,不会带许多行李。如果哪一天我们看到机场贵宾带了大件行李,那就是要出远门或长时间在外地工作、学习。

三、细心领会机场贵宾服务工作

领会是指领悟了事物中蕴涵的道理并对其深有体会。对象常是较抽象的事物,如精神、意思、意义、意图、意味、道理和知识等。

领会是建立在对某一特定事物进行深入思考与悉心领悟的基础之上的。真正的领会,归根到底是发自内心的真实感受,而非盲目的逢迎。较好的领会能力建立在对事物的熟悉、观察、注意、思考、理解和判断等基础上,同时还需要知识作支撑。

机场贵宾(高端旅客)是一个特殊旅客群体。他们的工作环境不需要他们对任何事情都详细解说,只是用精练、简短的语言(或肢体语言),周围的人便能明白其意图。这种个人习惯在机场贵宾服务工作中自然会碰到。因此,要做好机场贵宾服务工作,领会能力自然是工作人员不可缺少的基本素质。

1.注意观察

培养和提高领会能力,应当注意观察。前面我们讲过,服务机场贵宾应当做到"眼观六路,耳听八方",并且用心、用脑,将看到、听到的信息迅速整合,做出反应。例如,看到要客端起茶杯又放下,就应该领会到要续茶水;看到机场贵宾取出笔,就应该领会到要送上纸张。

2.勤于思考和记忆

每一位机场贵宾都有其特点,要针对其特点多动脑、勤思考,最大程度地理解机场贵宾表达的意思,也就是我们平时说的,"明白要求后面的要求,问题后面的问题。"例如,机场贵宾进来时身后有一位随员,此刻随员不在现场,机场贵宾突然问:"他上哪里去了?"这个时候就应该领会到机场贵宾问的"他"是随员,并且要及时回答。

3.熟悉服务对象的习惯

每个人都有自己的习惯,机场贵宾也不例外。要想领会好机场贵宾的意图,还应当熟悉机场贵宾的思维方式、常用工作方法和讲话习惯。这里所讲的并不是习惯的好坏问题，而是机场贵宾自身一些特有的东西。熟悉机场贵宾的思维和讲话习惯并不难，只要留心倾听几次机场贵宾讲话，就会熟悉其基本特征了，再进行琢磨分析，尽可能缩短理解的过程。

总之，领会机场贵宾的意图对做好服务工作至关重要。要了解服务对象的理论素养、思想内涵，适应其思维特征、性格特点和语言习惯，就能在工作上得心应手。做好这方面工作要把握好9个字：知意图、看对象、分轻重。知意图就是把服务对象的讲话精神领会好；把其还未说明白的问题弄清楚，明确表述出来。看对象就是根据特定的场合和特定的对象来思考机场贵宾的讲话内容。分轻重就是把握自己说话做事的分寸。

4.加强学习，拓展知识面

要使自己能更好地领会服务对象的意图，就必须加强学习，拓展知识面，主要途径有如下。

① 学习好党和国家的路线、方针、政策和法律、重要规定，了解每个时期突出强调的方针政策。

② 主动捕捉机会，参加一些会议，了解一个时期上级安排的工作重点、原则、要求和措施，掌握领导层的活动意向和动态。

③ 积极参与单位组织的各种业务学习，留意大家常谈论的一些问题，了解当前的热点问题。

④ 多读一些有意义的书，关心社会的发展进步。对一些问题要有自己的见解，这种见解应该是积极的。

机场贵宾服务人员只有用心服务，才能从服务对象的语言和行为习惯中正确判断和领会其需求，只有这样，机场贵宾服务才能上水平、上台阶。

第四节
表达和沟通能力的培养

一、表达能力概述

这里说的表达能力主要指语言表达。语言表达能力是指用口头语言来表达自己的思想、情感，以达到与人交流的目的的能力。

机场贵宾服务与其他工作有所不同，需要工作人员具有较强的语言表达能力，这种表达应该是思路清晰、言简意赅和完整流畅的。现代机场贵宾服务工作，对语言表达提出了越来越高的要求。在日常工作中，贵宾服务人员遇到问询解释、回答提问和服务沟通的机会很多，如果不具备相应的沟通技巧和语言表达能力，就会使简单的问题复杂化，达不到沟通和解决问题的目的。

1. 问询解释

这种表达是事先有准备的，要说明什么问题心里是有数的，也就是说已经有了提纲。这个提纲主要包括需要说明的事物（论点）、事例和必要的数字。回答问询时，思维和反应要快，语言表达要清楚、到位。

2. 回答提问

机场贵宾经常会向服务人员提出问题，这种提问多是偶然的，是在服务过程中受到某些事物的刺激或在谈话时联想和诱发出来的。服务人员要能很好地回答提问，首先要注意观察周围事物的变化，在认真听清楚问题的基础上，展开自己思维回答问题；其次，要思维敏捷，善于逻辑归纳综合，通过机场贵宾的发言，迅速形成自己的思想脉络的发言提纲，虽无准备，但谈吐也要有条理；再次，要有广博知识，占有丰富的材料，虽是临时回答问题，也能旁征博引，举一反三，语言活泼，内容生动。

3. 服务沟通

这是事先无法预料的，不可复制的。服务人员能运用好沟通技巧，以得体的语言，表达出对服务对象的理解，是工作能得到服务对象支持的前提。

二、语言表达的技巧

语言表达的技巧主要包括坚定信心，配合恰当的姿态，注意口语修饰，利用悬念手法以及根据反应调整内容等。

1. 信心是语言表达的基础

在谈话中，信心十足才能精神饱满、情绪高昂、思路清晰；才能冷静地应付各种变化；才能有力地阐述自己的观点。如果缺乏信心，则会精神紧张、语无伦次、词不达意。增强信心的办法，就是战胜自我，消除自卑感。

2. 修辞是语言表达的关键

语言表达主要是用语言来影响听者，语言修辞的好坏，直接影响听者的情绪。因此，要求讲话要富于逻辑，推理论证严密；语法要符合规范，要有口语特点，要用简单句；避免复杂句，杜绝病句；词句要精心修饰，遣词造句要精心安排，口头说明清楚、准确，形象生动。发音要标准、吐字清楚，简明扼要，声调要有节奏；具有思想性、逻辑性、趣味性、启发性。

3. 良好的姿态、仪表，是语言表达成功的主要方式

机场贵宾服务人员都要求举止端正，服装整洁，彬彬有礼，笑容可掬，要留给服务对象良好的第一印象。如果通过面部的表情变化来表达感情，有助于表达，容易唤起听众的思想共鸣。

三、语言表达能力的培养

首先,坚持朗读、背诵。也就是说要解决好"开口"的问题,许多人就是"开口难"。机场贵宾一提问,马上吓得哆嗦,头脑一片空白,根本不知道该怎么表达了。朗读、背诵就是把书面语言用口头语言表达出来的一种方式,目的还在于提高正确而有表情的说话能力。朗读还可以增强人的语感。在反复诵读过程中,把文章的语言变成自己的语言,能够增加词汇量和句式,提高语言的表达能力。

其次,积极参加各种会议,讨论时积极发言。从心理学角度讲,兴趣是对人脑思维的一种激发,是学习的内在动力。每个人都有强烈的求知欲望,同时也有渴望表现自己才华的心理愿望。要激发机场贵宾服务人员"说"的兴趣,除了会议之外,可组织各种形式的演讲会、辩论会,锻炼"说"的能力,提高"说"的水平。

最后,口述工作日志梗概。在交接班过程中,可以让机场贵宾服务人员用简明的语言,口述工作日志。这对培养其概括能力、丰富语言,都有很大的作用。

总而言之,需要通过训练使机场贵宾服务人员达到敢说、能说并能说明白的程度。

语言表达能力的培养不是孤立的。从系统论角度看,听、说、读是一个以思维为核心的相对完整的语言表达系统;从信息论角度看,听、读与说、写是一个承载信息的双向流动过程。各部分的训练从来都是相互制约又相互促进的。语言表达能力具有综合能力的特征,语言表达能力也是学识的标志,因此,对机场贵宾服务人员进行从发音练习到词汇积累,从语言修养到文化积累,从知识铺垫到道德涵养,从表达技巧到人格完善的培养,有着极其深远的意义。

四、沟通能力的培养

沟通是为了一个设定的目的,把信息、思想和情感在个人或人群间传递,并且达成共同协议的过程,这也是沟通的三大要素。如果没有目的和达成共识,则只是聊天而已。

民航服务,特别是机场贵宾服务,沟通能力很重要。我们从下述案例就可以看出。

案例

一天下午14:00,某机场,一位商务贵宾来到贵宾厅,等待下午15:00出港的航班。机场贵宾服务部某服务人员热情地接待了他,并为他送上茶水。这位客人坐下后,从随身携带的包里取出笔记本电脑,开始上网聊天。14:30时,候机厅广播里传来航班开始登机的消息,服务人员礼貌地走到客人身边说道:"先生,您该登机了。""不忙,等会儿。"几分钟过去了,服务人员又来到客人身边提醒:"先生,您该登机了,要不然就晚了。""没事的,等会儿。"时间又过了几分钟,服务人员再次来到客人身边:"先生,您要再不登机,飞机可要走了。""啊,真的?你怎么不早提醒我呢?"客人一边说,一边关上电脑，收拾好行李，大步走向贵宾通道。服务人员也跟随他一路小跑。到了登机口，值机人员把客人拦下说："先生，对不起，您乘坐的航班一直在广播通知您登机，可您一直没来。现在已经15：00了，飞机已经关舱门滑出了。您请回去吧。"

客人一听立即发火："你们怎么搞的，怎么不通知我登机？我14：00就已经在贵宾厅等候了！""先生，我提醒过您的，而且不止一次提醒您，是您自己不愿走的，能怨我吗？"服务人员感到委屈，马上辩解道。"你还说提醒过我？你跟我说过还差多少时间飞机要关舱门吗？现在飞机走了，我的票怎么办？反正我是不管了，你负责去处理吧。"服务人员吓着了，脸上顿时没了笑容，说道："这位先生也是的，我明明提醒了您三次，你都说不忙，不走，现在您却来怨我，您这不是不讲道理吗？""我不讲道理？你看看你那样子，苦着个脸，你们家又不是死人了！"客人说道。"你们家才死人呢，你们家天天死人！"服务人员气得冲着客人喊道。"你不提醒我，害得我没走成，现在你服务态度还不好，我要投诉你！"客人也喊道。

这时，不知谁把机场贵宾服务部领导叫来了。领导让服务人员先走，然后马上代表机场贵宾服务部给客人道歉："先生，对不起，是我们的工作不细致，没有做到位，给您添麻烦了，请您别着急，我们马上去帮您协调改签航班的事宜，一小时内还有一个航班您可以走。"客人看到机场贵宾服务部领导态度非常真诚，又听说还有一个航班可以走，心里的气消了一半，说"那好吧，我就等下一班飞机走吧。不过，我还是要投诉那位服务员，我要求她来给我道歉！"

客人的机票改签了，并且登上下一班飞机离开了。可是对这位服务人员来说，这件事并没有简单结束。

从这个案例中我们看到，服务人员已经提醒机场贵宾登机，而且不止一次提醒，但是每一次提醒都是无效的，这就叫无效沟通。

沟通过程实际上是一个完整的双向过程：信息发送、接收和反馈。发送者要把他想表达的信息、思想和情感，通过语言发送给接收者。当接收者接到信息、思想和情感以后，会提出一些问题给对方一个反馈，这就形成一个完整的双向沟通的过程。在发送、接收和反馈的过程中，我们需要培养工作人员的是：怎样做才能达到最好的沟通效果。

1. 听，才能了解对方真正的意图

卡内基说过，要你做事的唯一方法，就是把你想要的东西给你。想知道对方要什么，倾听是不可或缺的第一步。

2. 不要陷入辩论中

在辩论的时候，十有九次的结果是：双方都更加坚定自己原来的看法是对的。你不可能从辩论中获得胜利。因为，假如你辩输了，你就是输了。假如你辩赢了，你还是输了。为什么呢？想想看，假如你把对方攻击得体无完肤，最后证明他的论点一无是处，结果又如何呢？你觉得很痛快，可是对方呢？你只不过让他觉得自己差劲，伤害他的尊严。对你的得胜，只不过让对方感到愤慨而已，他的观点仍然不会改变。

要改变一个人的想法，一定要先接纳他，才有机会改变这个人原本的思考。心理学家研究发现，一个人跟别人说过话后，留给人的印象，只有20%取决于谈话内容，80%则取决沟通的风格。若采取强势风格，即使有理，到最后还是难以给别人留下良好印象。

3. 寻求双赢

美国管理学大师史蒂芬·柯维把沟通分为3个层次：低层次的沟通由于信任度低，需要注意遣词用句，多重防卫自己或使自己在法律上站得住脚，力求无懈可击。但这不是有效的沟通，只会使双方更坚持本身立场。中间层次是彼此尊重的交流方式，唯有相当成熟的人才办得到。但是为了避免冲突，双方都保持礼貌，却不一定为对方设想。最高层次是统合综效。大家彼此为对方着想，也就是我们说的心往一处想，劲往一处使，则使一加一可能等于八、十六，甚至一千六，但彼此收获更多。

4. 肢体语言

根据调查，人与人之间的沟通，文字只占了7%的影响力，语气和音调占38%，而肢体语言占55%。可见，肢体语言包括表情、手势和姿势等是最重要的沟通方式。沟通时，在这方面与对方同步，将产生意想不到的效果。在交谈时，语调和语速应与对方同步。

总之，沟通是机场贵宾服务中不可缺少的一部分，沟通可以消除误会，达成共识，促进服务并且带来收获。

第五节
应变处置能力

我们要讲的应变处置能力是指机场贵宾服务人员面对特殊情况和紧急突发事件的处置能力。

紧急突发事件指因人为或自然因素引起的，具有突发性的，造成或可能造成人员伤亡、较大经济损失并破坏正常工作秩序的严重事故、事件、灾害和疾病。具体包括暴力事件、安全保卫事件、重大自然灾害、公共卫生事件和突发疾病等。

目前，我国社会正处于快速转型与变革时期，经济社会结构和人们的利益需求正发生着深刻的变化，各种深层次的社会矛盾逐渐呈现；国际上一些极端势力也不停地制造事端；近期自然灾害频发等。在这种情况下，除了需要机场贵宾服务单位建立有效的紧急突发事件处置制度，提高处置紧急突发事件的能力，保护国家财产安全及广大旅客的生命健康外，还需要机场贵宾服务人员具备相应的特殊情况处置能力。这些能力主要包括以下五个方面。

一、敏锐的政治鉴别能力

现代社会的一个重要特点是国际斗争与国内矛盾相互交叉。如果没有敏锐的政治鉴别能力,就很难透过现象看到本质,很难在处置突发事件中保持清醒的头脑。特别是在遇到群访闹访事件中,如果没有政治鉴别力,一旦受到别有用心之人的蛊惑欺骗,就会丧失政治立场,无法分辨是非。

二、快速的应急反应能力

疾病、自然灾害等突发事件的发生无预见性,事件发生突然,如果机场贵宾服务人员没有经过反复训练,就有可能出现大脑一片空白的情况。要提高机场贵宾服务人员快速的应急反应能力,首先就是要熟悉本机场和航空公司制订的应急处置预案,自觉加强应急预案演练,通过反复强化训练,形成条件反射。只有这样,在遭遇紧急或特殊情况时,才能确保要客的安全,如图3-2所示。

图3-2　机场应急救援演练

三、高度的协同配合能力

紧急或特殊情况下,机场贵宾服务人员要及时请示报告,始终服从单位的统一指挥,积极主动配合,加强联络。特别是遇到危险情况时,更要及时主动通报情况,确保处置行动上的协调一致,形成合力。同时,还要正确处理好"主力"与"配属"关系问题,如图3-3所示。

突发事件具有事发突然、诱因复杂等诸多特征。因此,在处置突发事件中,要具有讲政治、讲安全、讲程序、讲效益、讲原则和讲团队精神,做到既懂业务,又懂心理,文武兼备。

图3-3　应急救援中的协同配合

四、应急设备的使用能力

机场贵宾服务单位都会配备许多应急设备，如灭火器、防烟面罩、包扎绷带、硝酸甘油片和止血贴等。贵宾服务人员要在培训的基础上，自觉加强设备的使用能力，把一些平时不易使用到的设备的使用方法总结成简单、易懂且易记忆的口诀，经常背诵，记忆于心。例如，用手提式灭火器进行灭火，方法可以用七个字进行概括："站上风，拉、拉、压、喷"。"站上风"指将灭火器提到起火地点附近，站在火场的上风头；第一个"拉"是拉出灭火器手柄处的保险栓；第二个"拉"是拉出灭火器喷管；"压"是握住手提式灭火器手柄向下压；"喷"则是对准火焰根部喷射灭火剂，如图3-4所示。

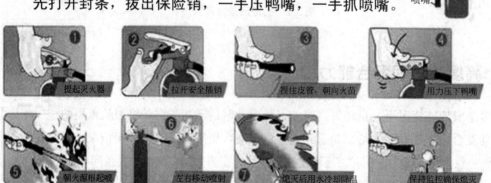

图3-4　手提式灭火器使用方法

五、熟悉本机场（航空公司）应急救援预案

机场贵宾服务人员要熟悉应急救援预案的适用范围、工作原则、应急组织体系、组织机构及职责；要牢记特殊电话号码。例如，"119""120"等。有研究表明，紧急情况下，人的记忆会丧失60%。只有把这些重要内容都变成了自然反应，才能确保机场贵宾服务的品质。

处置能力的培养是双向的，需要有组织地培养和自身主动提高；处置能力培养还是长期的，是机场贵宾服务人员自己长期学习和研究的积累。只有主动学习，坚持不懈，处置能力才能不断提高。

> **案例**
>
> 1. 本章第四节中关于沟通的案例是典型的不成功案例。试分析不成功的原因。
>
> 2. 2008年，全国人大政协两会期间，警方粉碎了一宗针对北京奥运会的恐怖袭击事件，避免了一场自杀式空难。南航C26901航班3月7日由乌鲁木齐飞往北京，途中，几名犯罪分子企图制造空难，幸被机组人员及时发现并制止，飞机最终紧急迫降兰州，并于8日飞抵北京。携带汽油的女子是使用易拉罐装的汽油，还用香水隐藏汽油味道，并已经在卫生间里往卫生纸撒上汽油，企图点火引燃飞机。
>
> 分析：为什么南航C26901航班机组能及时发现并有效制止这起有预谋的机上恐怖袭击事件？

? 课后思考题

1. 机场贵宾服务人员的基本素质体现在哪些方面？
2. 什么是亲和力？机场贵宾服务人员的亲和力应如何培养？
3. 如何提升机场贵宾服务人员的语言表达能力？
4. 机场贵宾服务人员的应变处置能力表现在哪些方面？
5. 为什么要培养机场贵宾服务人员的诸多能力？
6. 你在本章中学习到了哪些观念？这些观念能够帮助你在哪些方面更进步？

第四章
机场贵宾服务管理规范

学习目标

1. 熟悉贵宾服务工作岗位设置，明确各层级岗位，特别是高端服务业务岗位工作职责，掌握高端业务岗位工作标准；
2. 有效识别贵宾服务需求，掌握贵宾服务保障原则，熟悉国内航空公司要客及两舱旅客服务保障流程；
3. 了解贵宾航行前后信息传递规范，掌握贵宾座位预留规范，了解贵宾保障方案组织规范。

近年来，随着国内外航空市场环境的不断变化，航空公司之间的竞争焦点在悄悄地发生转移，重要表现之一就是从传统的产品竞争、服务竞争，进一步发展到了对有限客户资源的激烈争夺，越来越多的航空公司意识到并利用帕累托定律，关注能给企业带来巨大收益的关键旅客群体——高端客户。为此，国内许多航空公司纷纷成立高端客户服务部，也推出了不少吸引高端客户的服务举措，为进一步稳定和拓宽高端客户市场，不少航空公司坚持"一切从顾客感受出发，珍惜每一次服务机会"的服务理念，提高贵宾的高端客户管理手段和标准。本章主要结合中国南方航空股份有限公司（以下简称南航）、深圳航空有限公司（以下简称深航）等航空公司贵宾管理要求，详细介绍了贵宾服务管理标准、贵宾服务保障原则及保障流程、贵宾航行前后信息管理规范等。

第一节　贵宾服务管理标准

近年来，国内各大航空公司都加强了对要客、两舱旅客等贵宾市场的关注和投入，不断提升服务标准,强化高标准、高质量的规范化、个性化管理。下文以南航为例,该公司按照"集中管理、分别发展、属地维护"的管理原则,通过进一步明确高端旅客服务的职责与标准,检查与评估,强化全员服务营销意识,为高端旅客提供统一、高标准、高水平的服务,使高端旅客服务成为提升南航高端收益的重要手段,实现公司全面协调、可持续发展。

一、工作设置(含设置图)

高端部设置:高端部经理、各部门主管、客户经理岗、高端值机工作人员、贵宾休息室工作人员,如图4-1所示。

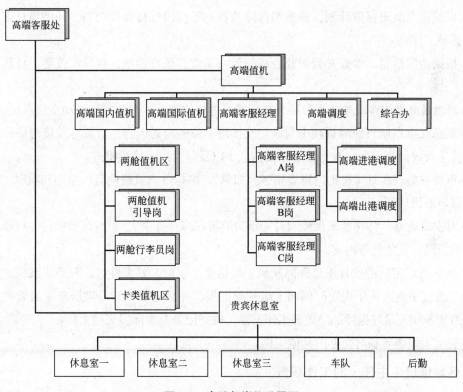

图4-1 高端部岗位设置图

二、工作责任

1. 主管的工作职责

① 直接向总经理汇报工作。
② 全面负责本部门的各项管理工作,确保公司管理方针在本部门的贯彻落实。
③ 制订并不断完善本部门的各项制度,检查、督导各项制度的实施情况,发现问题及时纠正和处理。
④ 制订本部门年度、月度工作计划,领导全体员工积极完成各项接待任务,分析和报告

年度、月度情况。

⑤ 负责考核下属的业绩并实施激励和培训。制订部门培训计划和考核制度。

⑥ 完成总经理交办的其他工作。

2. 值班干部的工作职责

① 关注并检查重要旅客地面服务的各环节工作，并对检查中发现的问题持续跟踪、落实整改工作。

② 值班当日参加公司生产讲评会，就前一日重要航班保障过程中发现的问题进行分析，提出解决方案。从职能管理角度代表公司讲评，做好记录，及时反馈。部署当天的重要保障任务。

③ 根据重点航班保障计划，和参与保障的各业务部门进行有效沟通，开展当日重点航班的现场保障工作。

④ 根据调度信息，检查并督促业务部门为高端旅客做好锁座、换牌、改签、订票、查询航班等工作。

⑤ 对当日高端旅客服务流程和服务执行情况进行检查，及时掌握航班动态信息。

⑥ 汇总在重点航班保障过程中与旅客及接待单位的沟通内容，对旅客及接待单位提出的建议和意见及时做好记录，并将必要整改信息予以及时反馈，持续跟进。

⑦ 审核并整理次日《进出港重要旅客通知单》，根据重点航班确定的原则和顺序，确定当日重点保障航班计划。

⑧ 对次日重点、特殊航班保障制订《重大航班保障任务书》，重点落实座位、行李、旅客安排、登机路线及信息等内容。

⑨ 负责将审定后的次日重点保障航班主要信息（包括：要客姓名、职务、航班、计划起飞时间）通过手机短信于规定时间向上级领导汇报，并且电话告知品牌服务室当天主要负责人，并通知各相关参与保障部门做好工作安排，做好记录及本部门交接工作。

⑩ 完成上级领导临时交办的其他工作。

3. 区域值班（主任）的工作职责

① 作为服务员直接参加现场的两舱旅客服务工作。

② 协助值班主管组织本班次工作人员，在现场组织好各项工作。

③ 负责对现场值机人员的工作指导与监督。

④ 负责对现场服务人员的服务缺陷进行纠正并及时进行补救。

⑤ 负责组织本班次服务人员班前和班后的讲评和总结工作。

⑥ 负责本班次服务人员当天的考勤管理工作。

⑦ 负责检查服务现场的卫生环境，检查服务人员着装是否统一，仪容仪表状况和保洁人员按程序和规范开展工作。

⑧ 负责当天休息室内信息收集情况的检查工作。

⑨ 协助高端客户经理在服务现场开展工作。

⑩ 主动发现服务过程中存在的职责、流程、标准、协调、考核激励等各方面服务管理质量问题，及时向分管科长汇报。

⑪ 落实每日本区域服务质量检查单工作，并做好台账。

⑫ 负责落实航班结束后，休息室内各项水电等设备的检查及关闭工作，并向值班主管汇报。

4.高端客服经理的工作职责

① 全面履行高端旅客地面服务管理及营销促进的重要职能，实现营销与服务的紧密结合，通过不断提升高端服务品质，打造"尊贵之旅"高端服务品牌，创造和巩固高品质营销收益。

② 建设专业化高端服务营销团队，明确职责分工，强化组织落实，严格制度管理，对高端地面服务各环节、全流程实施无缝隙指导、监控、考核。

③ 协助要客部门做好高端客户关系管理工作，负责高端客户的现场服务管理，与机场各联检单位保持良好合作关系，为高端服务顺利开展提供后台支持。

④ 关注高端客户服务体验，强化与客户沟通，宣传推广高端服务营销产品，收集客户信息反馈，为改进高端产品、发掘营销机会提供快速和有价值的信息支持。

⑤ 充分利用高端旅客系统，做好高端旅客的个人信息及特殊服务需求信息的收集、录入和使用工作；根据高端系统中的预报信息做好高端旅客分级服务和个性化服务安排；注意征询高端客户对服务环节中的意见和建议，建立台账、整理归类，及时向公司相关部门进行反馈，为公司服务改进提供管理依据。

⑥ 负责两舱旅客的常旅客发展推进工作，力争提高两舱的常旅客覆盖率，稳定提升高端旅客占有率；以优质、尊贵服务为依托，配合要客部完成党、政、军等重要机构客户的拓展维护和两舱营销任务。

⑦ 负责制订重要航班保障预案，并布置、执行、监督各项重大航班保障任务；负责重要旅客服务过程中临时或突发情况的应急协调处理，并视不同情况及时向上级领导报告。

⑧ 负责参与制订公司安全、生产经营目标管理考核办法，负责本岗位职责范围内具体考核方案的实施，对公司被考核单位及负责人完成考核情况进行评价和监督。

⑨ 为高端会员及非属地高端客户经理提供协助支持。

⑩ 通过团队合作，完成要客部门下达的两舱客座率、两舱直销、高端会员发展及重要客户信息收集等任务指标。

⑪ 完成公司领导交办的其他工作。

5.高端各服务人员（分工）的工作责任制

（1）高端值机的工作职责

① 负责为乘坐南航及南航代理航班的旅客办理乘机手续，并根据旅客喜好提供机上座位选择。

② 负责检查旅客的旅行证件是否有效，签证是否符合要求。

③ 负责保证高端旅客行李的优先收运及交付。

④ 负责在航班不正常时优先保证高端旅客的航班调整及后续安排。

⑤负责为高端旅客中的中转旅客提供便捷、高效的中转服务。

⑥负责对高端旅客不正常运输行李的处理,并将查询信息按处理时限要求报高端服务信息岗位备案。

⑦负责监控柜台是否按要求显示VIP、头等舱、公务舱、金卡、银卡客户。

⑧负责高端值机设备正常运行和物资齐备。

（2）高端行李的工作职责

①负责在候机楼外及时为两舱旅客提供手推车,根据旅客的意见,协助客人装卸行李到手推车上。

②负责在行李到达提取处提供服务,为有需要的两舱旅客推拉行李车至行李传送带旁,根据旅客意见协助装卸行李到行李手推车上,并协助客人推运行李至两舱旅客的接送车辆和接机人员处。

③在行李到达提取处负责检查和登记高端旅客行李是否按规定粘贴了行李的特别标识。登记高端旅客行李是否从传送带上先卸先出。

（3）高端服务的工作职责

①两舱休息室服务员

a.负责在休息室内迎接和问候高端旅客。

b.负责引导和安置高端旅客入座休息。

c.负责为两舱旅客指引介绍休息室内服务项目。

d.为两舱旅客订餐、阅读、娱乐、休息、盥洗等个性化需要提供帮助或指引服务。

e.负责及时整理、清理或清洁休息室内的台面、设施和设备。

f.负责为两舱旅客定时提供或个性化提供航班信息,在休息室内主动协助高端客户经理为两舱旅客提供航班信息服务。

g.在休息室内部,利用现有资源尽量满足两舱旅客在休息室内的其他服务需求。

h.负责采集两舱休息室内两舱旅客行为信息、接受服务信息和个性化信息,并提交给信息管理服务员录入系统。

i.负责检查旅客座位,发现旅客遗留物品应及时设法交到旅客手中或暂时保管。

②接送机服务人员

a.保持与信息员的沟通,及时掌握航班信息,负责及时通知和反馈两舱旅客航班信息。

b.引导和陪同两舱旅客登机。

c.负责协调登机过程中相关支持服务单位,及时解决引导登机过程中出现的问题。

d.负责向两舱旅客表达南航对他们选择南航航班的感谢。

e.负责监督贵宾车司机接送机过程中的规范操作。

③两舱休息室信息员

a.调度职责。

负责休息室内高端旅客服务的监控、安排及协调;负责监控两舱休息室旅客登机情况的复核以及全天航班动态;负责不正常航班的高端旅客现场服务工作,根据延误航班情况为高端旅客改签航班及后续服务的跟踪与监督；负责协调登机过程中相关支持服务单位，及时解决引导登机过程中出现的问题；负责监督南航贵宾车司机接送旅客过程中的规范操作；负责合理调配本室内员工岗位分工；负责领导交办的其他工作。

b.记录职责。

对各项分配的工作做好详细记录，例如：接收时间、通知人、处理人、处理时间、处理结果等信息。

c.统计职责。

每日生产结束后，做好当天的接待人数、不正常航班等的统计工作，并分类存放各类单据。负责高端旅客、不正常航班信息的服务数据统计、汇总、报送工作。

d.检查及交接职责。

检查需要交接的事宜是否交接完毕，交接采取当面交接、书面交接或电话交接等形式；与下班人员交接，了解所遗留航班存在的情况和当日航班动态，并签字确认交接事宜；对特殊情况进行点评，做好记录，对所有设备、系统、消耗品进行检查，如遇设备已坏、系统故障、消耗品不够要立即上报值班班长；参加部门班后例会。

e.监督管理职责。

负责做好对讲机的管理、使用、登记、检查、分配等工作。了解休息室员工离开岗位区域的去向，特殊情况及时上报值班班长。所有关于生产运行方面的特殊情况或无法判断、处理的情况应及时请示值班主管。在生产运行过程中，应向值班主管提出各种优化航班保障、旅客服务的合理化建议。

④ 贵宾车司机

a.负责远机位进出岗航班两舱旅客的地面车辆接送服务。

b.负责南航二级副以上领导的地面车辆礼遇接送服务。

c.负责相关上级主管单位交办的地面车辆礼遇接送服务。

d.负责完成领导交办的其他地面车辆运送工作。

e.负责监督贵宾车服务员接送机过程中的规范操作。

三、工作标准

1.高端值机的工作标准

（1）值机准备工作

① 高端值机柜台服务人员必须着工作装，未着工作装人员严禁参与值机服务工作。

② 上岗前10分钟开始航班办理准备工作。高端旅客业务用品要事先准备好。

③ 高端值机人员应提前了解当日乘坐航班的两舱旅客的情况，记录航班因改机型需要调整旅客舱位等级的信息。

（2）办理值机手续要求

① 值机的过程重在服务与沟通，而不仅是办手续。值机人员应面带微笑迎接高端旅客。

两舱旅客到来时，应全程使用姓氏称呼。

② 从已打印好的登机牌中找到两舱旅客登机牌，询问两舱旅客是否需要托运，如果需要托运即办理托运手续，托运行李拴挂优先承运（中/英文）专用标识。

③ 将机票（行程单）、证件、登机牌、两舱休息单、代步车票码放在一起，双手递给两舱旅客，说："请您核对或请您收好您的证件，这是两舱休息单，通过安检后，如果时间宽裕，您可凭休息单进入我们的两舱休息室休息，具体位置和相关乘机信息都在上边"。

④ 需要注意的是，若旅客等候时间较长，开始办手续前应使用礼貌用语"对不起，让您久等了""谢谢您的等候"等。

⑤ 在两舱旅客柜台办理乘机手续时间应不超过2分钟，排队等候时间不超过5分钟，如排队时间较长，应及时疏导。

（3）座位发放要求

① 为两舱旅客发放座位时，应按照两舱旅客预选座位接收，如无预选，要事先询问旅客对座位的要求，在规定的范围内，尽量按两舱旅客要求安排座位；如遇航班变更机型，两舱旅客预选座位发生变化时，应向两舱旅客做好解释工作。

② 遇非自愿降舱旅客，应安排在普通舱前排，并按照两舱旅客原有舱位提供服务；遇非自愿升舱两舱旅客，应优先安排高端旅客升舱，座位应由后至前安排，并尽量与正常两舱旅客分开，如公务舱座位已经发完，在不影响航班正点的情况下，如需安排旅客升至头等舱，应优先安排持公务舱客票的旅客（含已办理值机手续及尚未办理值机手续的公务舱旅客）升舱。

③ 如头等舱/公务舱不满，可将旅客分开安排，使旅客更感舒适和便利。

④ 如有多位两舱旅客同乘一个航班，应尽量将两舱旅客座位分开安排，除非旅客要求坐在一起；如两舱旅客是夫妻，应将座位安排在一起。

⑤ 如遇航班超售、合并，应优先保证两舱旅客座位。

（4）优先值机 金卡会员及天合联盟超级精英会员旅客无论乘坐何种舱位，均可在头等舱柜台办理乘机手续，如当地无头等舱柜台，则在公务舱柜台办理；银卡会员及天合联盟精英会员旅客无论乘坐何种舱位，均可在公务舱柜台办理乘机手续。

2.高端行李的工作标准

① 为乘坐国际航班的天合联盟超级精英会员旅客行李拴挂有天合联盟标志的优先行李牌，并提供优先行李服务。

② 金卡会员的额外免费行李额为15千克，银卡会员的额外免费行李额为10千克。天合联盟超级精英会员、精英会员旅客的额外免费行李额参照指引手册。要提醒旅客托运超限手提行李。

③ 在候机楼外及时为两舱旅客提供手推车，根据旅客的意见，协助旅客装卸行李到手推车上。

④ 负责在行李到达提取处提供服务，为有需要的两舱旅客推拉行李车至行李传送带旁，根据旅客意见协助装卸行李到行李手推车上，并协助客人推运行李至两舱旅客的接送车辆和

接机人员处。

⑤ 在行李到达提取处负责检查和登记高端旅客行李是否按规定粘贴了行李的特别标识。登记高端旅客行李是否从传送带上先卸先出。

3.休息室工作标准

① 称呼服务。

② 个性化服务。

③ 明珠会员服务。

④ 登/离机服务。

4.高端旅客航班的不正常处理工作标准

① 航班不正常时，应提前了解航班延误情况，对高端旅客的航班安排、签转及时做出决定并实施预案，做好不正常航班高端旅客的安抚解释工作。

② 遇航班超售时，要了解航班超售情况，保证头等舱/公务舱旅客及明珠金/银卡会员旅客的座位和优先权。

③ 遇航班变更，打印航班变更单，对未能通知到的高端旅客，在现场及时安排后续航班或办理签转。

第二节 贵宾服务保障流程

一、贵宾服务的需求识别

无论对机场或是航空公司的贵宾来说，能否享受到机场或航空公司为其提供的贵宾服务待遇，首先都源自该客户在航行前是否提出相应的贵宾服务要求，这就需要机场或航空公司相关部门能在客票销售环节就对其贵宾服务需求进行有效识别。一般来说，贵宾服务需求的识别发生在贵宾客票的预定环节。对贵宾来说，通过预订可以保证自己理想的地面接待及座位需求，尤其是在客票紧张的特殊时节；对航空公司而言，一方面可以提前做好人员、物品等方面的接待准备；另一方面又可以使公司提前占有贵宾市场，提高两舱占用率，并获得理想客票收益。通过在销售环节对贵宾预订服务的受理并确认，记录、储存预订资料，实时控制预订，进而完成贵宾乘机前的有关准备工作，因而是整个贵宾接待服务过程中非常重要的组成部分。因此，对航空公司等贵宾服务提供单位来说，开展贵宾服务的预订业务具有重要的意义，包括以下四个方面的内容。

① 拓宽了贵宾服务在时间、内容方面的范围，形成了更完整的为贵宾提供全面服务的概念。

② 可以开拓市场，争取更多的高端客户，提高贵宾休息室及两舱占用率。
③ 有助于航空公司更好地预测未来的贵宾客源情况，以便及时调整经营策略。
④ 协调各部门业务，提高贵宾服务质量及管理水平。

二、贵宾服务的保障原则

1. 重要旅客的服务保障原则

① 重要旅客信息安全保密，尽量缩小知密范围。
② 重要旅客实行专人服务，各级值班领导到现场指挥保障。
③ 重要旅客优先于其他旅客。
④ 重要旅客服务零投诉。
⑤ 重要旅客的服务保障情况留底存档。
⑥ 由形象气质好、服务意识强、业务技能精通的优秀服务人员为要客提供优质服务，有较强的中、英文交流能力和应急协调能力。
⑦ VVIP乘坐的航班严禁载送押送犯罪嫌疑人、精神病患者，不得载运危险物品。

2. 两舱旅客的服务保障原则

① 对两舱旅客实行专人服务及质量监控。
② 优先级别：重要旅客 > 豪华头等舱 > 两舱旅客 > 经济舱旅客（包括经济舱会员）。
③ 两舱旅客服务为零有效投诉。
④ 由形象气质好、服务意识强、业务技能精通的优秀服务人员为要客提供优质服务，有较强的中、英文交流能力和应急协调能力。

三、国内航空公司的贵宾服务保障流程

（一）深圳航空贵宾保障流程

1. 集团客户要客及VIP保障流程

（1）保障流程图　保障流程如图4-2所示。
（2）保障流程的工作内容
① 客户在网点或呼叫中心VIP坐席查询预订机票。
② 网点、呼叫中心的VIP坐席按客户要求预订行程。
③ 客户与网点或呼叫中心VIP坐席确认预订信息并付款购票，提出服务申请。
④ 出票机构判定客户是否为已备案，填写服务申请单。
⑤ 如已备案，则传真至机场柜台由出行秘书进行保障。如未备案，则传真至客户管理室审核专员处。传真后必须致电确认接收情况。

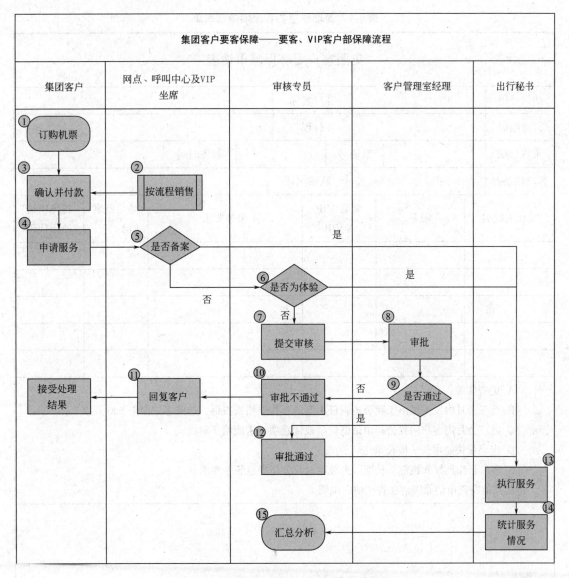

图4-2 深圳航空要客、VIP客户保障流程

⑥ 客户管理室审核专员核查客户是否为新合作，本次是否体验服务及历史保障情况。新合作客户进行体验服务的，以传真的形式交出行秘书进行保障。传真后必须致电确认接收情况。

⑦ 客户管理室审核专员，对现合作客户额外提出服务申请的，查询客户销售数据，提交客户管理室经理审批。

⑧ 客户管理室经理根据客户合作现状及预期合作规划审批服务申请。

⑨ 对未通过审核的服务申请，客户管理室审核专员通知呼叫中心坐席员回复客户。

⑩ 对未通过审核的服务申请，客户管理室审核专员通知出行秘书执行服务。

⑪ 出行秘书执行服务。

⑫ 出行秘书汇总统计服务情况。

⑬ 客户管理室审核专员汇总分析集团客户要客保障情况，见表4-1。

表4-1 深圳航空要客保障申请表单

<table>
<tr><td colspan="8" align="center">集团客户要客保障申请表</td></tr>
<tr><td>协议号码</td><td></td><td colspan="2">客户名称</td><td colspan="4"></td></tr>
<tr><td>订座编码</td><td></td><td colspan="2">行程</td><td colspan="4"></td></tr>
<tr><td>乘机日期</td><td></td><td colspan="2">航班号</td><td colspan="2"></td><td>起飞时间</td><td></td></tr>
<tr><td>客户联系人</td><td></td><td colspan="2">联系电话</td><td colspan="4"></td></tr>
<tr><td>乘机人姓名</td><td>职务</td><td colspan="2">要客 VIP VVIP</td><td colspan="2">服务要求</td><td>是否备案（已/未）</td><td>特殊申请原因代码</td></tr>
<tr><td></td><td></td><td colspan="2"></td><td colspan="2"></td><td></td><td></td></tr>
<tr><td></td><td></td><td colspan="2"></td><td colspan="2"></td><td></td><td></td></tr>
<tr><td></td><td></td><td colspan="2"></td><td colspan="2"></td><td></td><td></td></tr>
<tr><td></td><td></td><td colspan="2"></td><td colspan="2"></td><td></td><td></td></tr>
<tr><td>特殊申请原因</td><td colspan="7">A. 免费体验；
B. 近三个月内发生过由于我公司责任引起的工作差错或投诉，造成客户损失 500 元以上；
C. 近三个月内客户向我公司申请低折票或优惠票，未能给予解决；
D. 出票量快速增长（增长率达到 50%）；
E. 客户合作良好和稳定，长期以来较少对我公司提过服务要求；
F. 其他特殊申请原因请在备注项内说明。</td></tr>
<tr><td>备注</td><td colspan="7"></td></tr>
<tr><td>经办网点</td><td></td><td colspan="2">经办人</td><td colspan="2">联系电话</td><td>经办时间</td><td></td></tr>
<tr><td>审核专员</td><td></td><td colspan="2">出行秘书</td><td colspan="2"></td><td>签收时间</td><td></td></tr>
<tr><td rowspan="3">审批意见</td><td colspan="2">客户管理室经理</td><td colspan="2"></td><td colspan="2">客管部副总监</td><td colspan="2"></td></tr>
<tr><td colspan="2"></td><td colspan="2">年 月 日</td><td colspan="2"></td><td colspan="2">年 月 日</td></tr>
<tr><td colspan="2">公司领导</td><td colspan="6">年 月 日</td></tr>
</table>

2. 集团客户VVIP保障流程

（1）保障流程图　保障流程图，如图4-3所示。

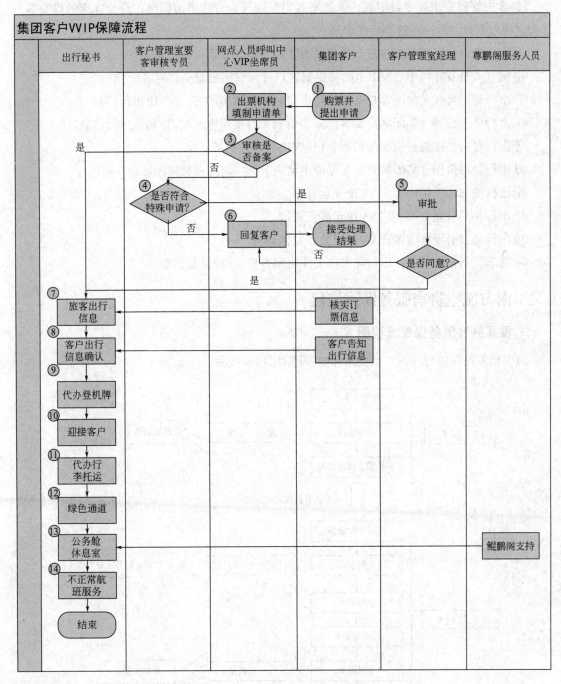

图4-3　深圳航空的VVIP保障流程

（2）保障流程工作内容

① 集团客户在深圳航空购票并提出服务申请。

② 出票机构根据客户申请填写服务申请单。

③ 出票机构审核是否已备案，如已备案客户传真至机场柜台出行秘书执行保障服务。未备案传真至客户管理室提出申请，传真后必须致电确认接收情况。

④ 客户管理室审核专员审核，未备案客户是否符合特殊申请标准，符合标准的提交客户管理室经理审批，退回不符合标准申请。

⑤ 客户管理室经理根据客户合作现状及预期合作规划审批服务申请。

⑥ 网点人员及呼叫中心VIP坐席员根据客户管理室审批意见答复客户。

⑦ 出行秘书接收《集团客户要客保障申请表》获取集团客户VVIP出行信息。

⑧ 出行秘书根据《集团客户要客保障申请表》与集团客户VVIP确认出行信息。

⑨ 出行秘书根据航班情况为集团客户VVIP代办登机牌。

⑩ 出行秘书根据《集团客户要客保障申请表》约定时间迎接集团客户VVIP。

⑪ 出行秘书协助集团客户VVIP托运行李。

⑫ 出行秘书引领集团客户VVIP走绿色通道。

⑬ 出行秘书引导集团客户VVIP至公务舱休息室。

⑭ 遇航班不正常情况，出行秘书应关注集团客户VVIP并提供服务。

（二）南方航空贵宾服务保障流程

1. 重要旅客服务保障流程图

（1）始发站保障程序图　始发站保障程序如图4-4所示。

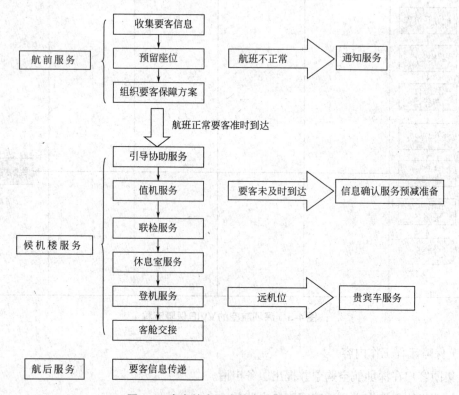

图4-4　南方航空要客始发站保障程序图

（2）中转站保障流程图　中转站保障流程图，如图4-5所示。

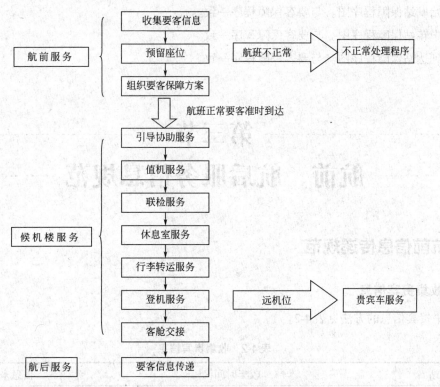

图4-5　南方航空要客中转站保障程序图

（3）到达站保障流程图　到达站保障流程图，如图4-6所示。

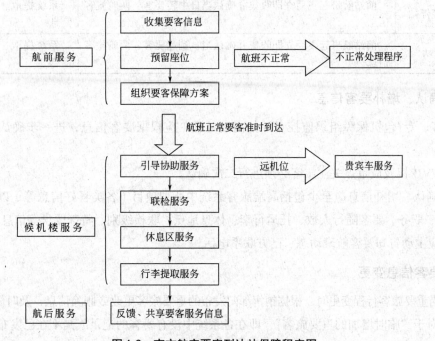

图4-6　南方航空要客到达站保障程序图

2. 两舱旅客服务保障流程图

① 始发站保障程序图。与要客保障程序一致。
② 中转站保障程序图。与要客保障程序一致。
③ 到达站保障程序图。与要客保障程序一致。

第三节
航前、航后服务信息规范

一、航前信息传递规范

1. 收集贵宾信息

收集贵宾信息的方法见表4-2。

表4-2 收集贵宾信息

场站	收集时间	信息来源
始发站	第一次：航班初始化后立即收集次日事发重要旅客、两舱旅客信息； 第一次收集后，在航班关闭前，至少进行两次名单更新	销售系统、SOC系统、离港系统、高端旅客信息管理系统
中转/经停站	前站航班起飞后立即收集并确认当日中转要客、两舱旅客信息	系统提取、前站增补信息
到达站	前站航班起飞后立即收集并确认当日到达要客、两舱旅客信息	系统提取、前站增补信息

2. 确认、增补要客信息

要客、专/包机保障组织监控者（如高端经理）应根据要客信息，进一步确认要客服务信息。

① VVIP以及应重点关注旅客必须进行二次确认。
② 确认、增补信息应至少包括高端旅客系统中所列项目（各类喜好信息等）以及接待地点/时间、职务、要客随行人数、托运行李、休息地点、联检级别、特殊要求等信息。
③ 应主动告知要客航班动态、己方联系电话。

3. 要客信息变更

① 当重要旅客行程变更时，根据销售部门发布的重要旅客更改或删除信息，及时做好调整。
② 对于"临时增加的重要旅客"，即在各系统中没有要客的记录或是不在已发布的重要旅客预报单上的重要旅客，始发站、中转站、到达站要及时将信息补充并发布到本站调度部门，

确保重要旅客信息能够完整、准确的记录和传递。

③ 航班起飞后，始发站必须拍发要客VIP电报，通知有关中途站和到达站。

④ 在重要旅客航班起飞后5分钟拍发LDM电报。

二、座位预留规范

1.要客座位预留

（1）根据要客级别、要求，在条件允许的情况下按标准锁定座位。

（2）如重要旅客没有具体座位要求，预留原则如下：

① 在航班相应舱位有剩余座位情况下，预留最前排左边靠窗位置，旁边的座位锁定。

② 如航班相应舱位订座较满，由保障组织监控者（如高端经理）征求旅客意见后，决定要客旁边座位的人员安排。如旅客没有要求，基础原则是"先安排同舱位随行人员，后安排其他旅客"。

③ 同批（同一记录编号）的要客座位应集中安排，按级别"先前后，后左右；由前往后，由两边向中间"预留。

④ 一个航班有多批要客时，应按要客身份级别的高低从前往后安排，并分过道左右两边区别每批要客。

（3）要客预留的座位其他旅客不得使用，如需调整必须经过要客保障组织者（如高端经理）同意。

（4）临时新增重要旅客，根据实际空余座位情况由前往后安排。

（5）重要旅客为联程航班时，由中转站预留联程航班座位，始发站与中转站确认座位预留情况。

（6）中转站预留　本场站始发旅客与联程旅客同时预留座位时，按照级别高低；级别相同，则按照"先联程，后始发"的标准安排。

2.要客随行人员座位预留

① 与要客舱位等级相同的随从人员应与要客集中安排。

② 与要客舱位等级不同的随行人员，在满足飞机平衡要求的前提下，可安排在其相应等级座位中尽可能接近要客的座位。

三、保障方案组织规范

1.组织者

高端服务负责人，如高端经理。

2.组织形式

通过制作《VVIP/重大航班保障任务书》（以下简称《任务书》），确定保障方案；统筹协调保障资源；按照《任务书》内容，全程监控服务保障的实施情况。

3.《VVIP/重大航班保障任务书》

（1）任务书应明确服务流程中各单位的职责、服务要求、责任人。

（2）任务书应包括检查落实情况项目，各环节完成保障后即时反馈，由监控者负责检查、填写、留底。

（3）任务书范例　见表4-3（内容可做调整）

表4-3　VVIP/重大航班保障任务书

日期：_____　值班经理：_____　客户经理：_____
航班性质：□专机　□包机　□包机有散客　□VVIP航班
航班号：_____　机型：_____　机号：_____　机位：_____　执飞公司：_____
□进港　计划预达时间：_____　实际到达时间：_____
□出港　计划预达时间：_____　实际到达时间：_____
　　　　计划起飞时间：_____　实际起飞时间：_____
主宾姓名：_____　座位号：_____　随员：_____　座位号：_____
托运行李：_____/件　提取地点：□机下　□贵宾室　□传送带

部门	职责	任务描述	负责人	完成情况
调度	1.收集要客信息	1.预留座位		
	2.传递服务信息	2.向中转站、到达站发送《通知单》		
	3.…	3.…		
值机	要客引导	全程一对一引导		
	值机手续办理	提前预接登机牌		

四、航后服务规范

1.贵宾信息汇总

各环节完成保障后应立即向本场站调度部门反馈保障情况，以及要客、两舱旅客新增服务信息。并将旅客服务信息录入高端系统、CBD等系统，保存数据。

2.贵宾信息传递

各场站将本场站收集的服务信息反馈至航程所涉及场站，形成服务信息闭环传递、共享。将要客信息输入系统，形成电报内容。

3.延伸服务规范

要客及两舱旅客遇到的任何与航空公司相关的特殊情况（如航班不正常等），各场站均应做好延后解释、补救服务，跟踪解决。

根据"精准化"要求，对要客、两舱旅客服务信息实行闭环传递，做到信息共享。

课后思考题

1. 简述高端客服经理工作职责。
2. 简述高端值机工作标准。
3. 对航空公司来说,开展贵宾服务的预订业务有何重要意义?
4. 航空公司重要旅客服务保障原则是什么?
5. 简述深圳航空要客及VIP保障流程。
6. 贵宾航前信息传递规范有哪些?
7. 要客座位预留有哪些注意事项?

第五章

贵宾值机等地面服务

学习目标

1. 熟悉贵宾值机服务流程，明确引导岗位工作职责，掌握高端值机岗位工作标准以及特殊情况处理；

2. 了解行李运输的一般规定，掌握贵宾行李收运的流程，能有效处理行李不正常运输情况；

3. 熟悉机场安检工作的相关规定，掌握贵宾安检工作流程，了解安检特殊情况的处理。

对机场贵宾来说，高职位、高收入、高消费的他们更需要方便、快捷、舒适、尊贵的服务，更看重的是航空公司提供给他们的全方位和个性化服务。因此，机场贵宾接待人员在履行地面服务工作时，应通过规范化、标准化的服务用语和有形展示，保障乘坐航班的高端旅客的旅行顺利，树立"尊贵、舒适、方便、快捷"的高端服务形象。本章从贵宾地面服务操作流程入手，详细介绍了贵宾值机服务、行李收运、安检服务等操作规范和要求。

第一节 贵宾值机服务

一、引导协助服务

从高端旅客到达候机楼起，即为客人提供全程引导协助服务，直至离开候机楼。全程为旅客提供"一对一"引导协助服务。

（1）姓氏尊称　全程提供姓氏尊称服务，若知道旅客职务，用"姓氏+职务"称呼优先使用。

"王总，您好！/早上/中午/晚上好！"

（2）介绍　自我介绍，阐述清楚身份。

"王总，您好！我是南方航空公司服务人员×××，很荣幸为您服务！"

（3）信息告知　在引导过程中，耐心、准确回答旅客的询问。首次见面时应主动告知航班动态。

"王总，您好！您乘坐的航班/衔接的中转航班，目前正点。"

（4）中途离开　如应旅客要求，不需陪同，则为旅客指明方向，并提供咨询方式。同时告知下一流程点旅客特征、路线，做好全程跟进服务。

"王总，您好！向前走50米就是×××登机口/休息室，沿路有清晰的指引；如果有任何疑问可向工作人员咨询或者拨打我们的服务电话。"（递上印有现场服务支持电话的卡片等）

（5）道别　主动和旅客礼貌道别。

客舱："王总，祝您旅途愉快！"

二、值机服务操作

1. 为高端旅客优先办理乘机手续

① 头等舱旅客在头等舱柜台办理乘机手续，如当地无头等舱柜台，则在公务舱柜台办理。

② 公务舱旅客在公务舱柜台办理乘机手续。

③ 根据各航空公司的不同规定，金卡、银卡及精英会员旅客均可在头等舱柜台或公务舱柜台办理乘机手续。

2. 无柜台一站式服务

高端旅客值机柜台工作人员接收旅客旅行证件、票证等物品以及手续办理完毕后，唱交登机牌等物品时，应提供站立式迎送服务。通过与高端旅客眼神、语言和动作的互动交流，加深旅客尊贵感受。

（1）迎客　"十步微笑，五步问候"，在距离旅客十步左右，工作人员应接触旅客的眼神，展示微笑。在距离旅客五步左右，工作人员应起立、主动问好。

"先生/小姐，早上/下午/晚上好！请出示您的证件及机票。"

（2）查验证件　双手接过旅客证件及机票，快速、准确查验，一般查验身份证件8秒以内，护照30秒以内。在查验旅客护照或机票时对旅客使用姓氏职务称呼。

（3）录入会员资料　与旅客确认会员信息，询问是否是联盟成员。

"李总，您好！您是××航金卡会员，请问您的卡号是××××××吗？"

"请问您是南航明珠会员或天合联盟会员吗？"

（4）询问座位喜好　询问旅客的座位喜好。根据旅客要求发放座位，如不能满足需求必须进行解释。

"李总，我们为您预留了第一排靠窗位，您还有别的需求吗？"

（5）托运行李　询问旅客是否有托运行李。请客人查看"行李安全提示"，询问安全问题，回答旅客疑问。专人协助客人托运行李，提醒旅客手提行李规定。

"请问您有托运行李吗？请查看行李安全问题提示。"

"您有随身携带行李吗？您的酒（油、蜂蜜）必须托运，不能随身携带。这件手提行李超过了规定尺寸/重量，所以不能带入客舱内。"

检查旅客的行李包装，主动为行李上锁；发现包装不合理或行李破残请旅客签署免责，做到行李规范收运。

"这个箱子包装不符合要求，我们引导您前往柜台打包。"

"您的箱子把手有破损。请您在行李免责牌上签名。"

在到达站，与旅客确认行李的运送目的地，按照旅客的要求，在签证允许的情况下将旅客的行李运至旅客希望领取的地点。

"李总，您的最终目的是×××。您是要将您的行李托运到您的（目的地）还是（您的第一站）？"

为旅客拴挂VIP优先行李牌，如图5-1所示。

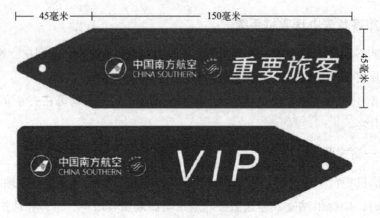

图5-1　南航VIP优先行李牌

双手奉还旅客行李牌，唱交行李件数与目的地等信息。

"李总，这是您的三件行李，目的地是×××。"

3. 座位预留

① 地面服务保障部门对航班进行初始化时，在不影响飞机载重平衡的情况下锁定航班前排区域，为高端旅客进行座位区域预留。

② 值机柜台工作人员通过离港系统获取旅客预选座位信息，或主动询问高端旅客对机上座位的喜好，保证高端旅客预选座位的落实。

③ 如系统没有座位提示或旅客没有特别要求，应在不影响飞机载重平衡的情况下，根据高端旅客身份及到达时间，按照由前向后的顺序安排。

④ 遇非自愿降舱旅客，应安排在普通舱前排，并按照旅客原有舱位提供地面服务。遇非

自愿升舱旅客，按逐级提高等级的原则安排旅客分别坐在公务舱或头等舱内，座位应从后向前集中安排，并尽量与正常旅客分开。

⑤ 如航班不满员，在满足平衡条件要求下，可将高端旅客分开安排，使旅客更感舒适和便利。

⑥ 为乘坐普通舱的金卡、银卡会员旅客安排前排位置。

三、特殊情况处理

1.晚到要客信息确认

航班关闭前30分钟仍未办理值机手续的要客，可予以电话提醒，确认要客行程点，为晚到和有需求的要客预接登机牌。

2.行动不便的要客

① 为行动不便的要客预留走道的座位，办理手续时进行二次确认。
② 主动为行动不便的要客提供轮椅服务。
③ 远机位时，为要客提供平台车服务。
④ 有视觉障碍的要客，在得到客人允许的情况下，可以挽着客人的胳膊同行。
⑤ 如要客因行动不便不能从登机口到机舱时，工作人员要注意和要客的身体接触。尤其是性别不同或外国人，身体接触前要跟要客说明情况，并事先得到要客允许。

第二节
贵宾行李服务

一、行李运输的一般规定

行李是指旅客在旅行中为了穿着、使用、舒适或方便的需要而携带的物品和其他个人财物。托运行李是指旅客交由承运人负责照管和运输并填开行李票的行李。

行李运输是随旅客运输而产生的，与旅客运输有着不可分割的关系。在收运贵宾行李的过程中，要仔细地检查贵宾的行李物品，将行李牌拴挂在贵宾的每件行李上，并将其中的识别联贴在贵宾的登机牌上，便于贵宾识别。

行李应由大到小放置在传送带上，注意侧面把手向上，两件行李中间相隔10厘米。

1.询问贵宾行李的需求

参考语言："李总，请问您有行李需要托运吗？"

"您一共有几件行李需要托运？"

"请问您行李里面有没有贵重、易碎、危险品？"

（1）查看贵宾行李包装是否符合要求。

① 了解行李的内容是否属于行李的范围。

② 了解行李内是否夹带禁运品、违法物品或危险品，是否有易碎易损、贵重物品或不能作为交运行李运输的物品。

③ 检查行李的包装、体积、重量是否符合要求。

（2）行李过秤。

（3）逾重行李收费。

2.贵重物品的处置

（1）建议贵宾随身携带

参考语言："李总，贵重物品建议您随身携带。"

（2）如果贵宾要求托运，则为贵宾贴易碎标贴并做出解释

参考语言："李总，为保障您的行李安全，我为您贴了'易碎标贴'，我们尽量为您轻拿轻放，但是在飞行过程中由于颠簸造成的破损，需要您责任自负，请您在《免除责任声明》上签字。"

（3）拴挂贵宾签名后的行李条。

（4）指引贵宾将行李拿至超限柜台。

3.易碎物品

（1）如果贵宾说有易碎物品，则为贵宾贴易碎标贴；若贵宾要求向上放置行李，再为贵宾贴向上标识，并做出解释。

参考语言："我们尽量为您轻拿轻放，但是在飞行的过程中由于颠簸造成的破损，需要您责任自负，请您在《免除责任声明》上签字。"

（2）拴挂贵宾签名后的行李条。

（3）指引贵宾将行李拿至超限柜台　需送往超限柜台的行李有超大、超小、婴儿车、轮椅、易碎、宠物、自行车、工具（箱）、带轮行李包、不规则行李、高尔夫球包、滑雪用具等。

4.酒精饮料

（1）贵宾乘坐飞机，酒类物品不得随身携带，但可作为托运行李交运。酒类物品的包装封盖必须严密，不得溢漏。

① 容器内部必须留有5%～10%的空隙，封盖必须严实，不得溢漏。

② 用玻璃容器盛装的，每一容器的容量不得超过1000毫升。

③ 单件货物毛重不得超过25千克。

④ 箱内应使用衬垫和吸附材料填实，防止晃动或液体渗出。

⑤ 包装上必须有易碎标识和向上指示标识。

（2）作为托运行李交运时，应符合以下数量规定：

① 酒精体积分数小于或等于24%的，不受限制；

② 酒精体积分数24%～70%（含70%）的，每人交运净数量不超过5升。

③ 酒精的体积分数大于70%，不得作为行李交运。

5. 锂电池

国际民航组织《危险物品安全航空运输技术细则》规定：旅客或机组成员为个人自用内含锂金属电池或锂离子电池的便携式电子设备（手表、计算器、照相机、手机、手提电脑和便携式摄像机等）必须作为手提行李携带登机，并且锂金属电池的锂含量不得超过2克，锂离子电池的额定能量值不得超过100瓦特·小时。超过100瓦特·小时但不超过160瓦特·小时的，经航空公司批准后可以装在交运行李或手提行李中的设备上。超过160瓦特·小时的锂电池严禁携带。

便携式电子装置的备用电池必须单个做好保护以防短路（例如，放入原零售包装、在暴露的电极上贴胶带、将每个电池放入单独的塑料袋或保护盒中或以其他方式将电极绝缘），并且仅能在手提行李中携带。经航空公司批准的100～160瓦特·小时的备用锂电池只能携带两个。

旅客携带锂离子电池驱动的轮椅或其他类似的代步工具应遵守以下规定：

① 提供专业危险品鉴定机构出具的UN38.3测试报告。

② 电池两极必须能防止短路，而且电池须牢固安装在代步工具上。

③ 必须经航空公司同意（需主任柜台开具《旅客锂电池运输申请单》）。

6. 行李超重

告知贵宾旅客行李超重，并计算和告知旅客大概缴费金额。旅客同意缴费后，要为贵宾先办理托运。行李过检后，填写逾重单，将逾重单和证件交予旅客并指引旅客前往缴费柜台缴费。旅客缴费红色票联（核实目的地和重量）要回收，查验证件后将绿色票联合登机牌交还旅客。

参考语言："李总，您的行李超重了，① 您一共有×千克免费行李额；② 超重×千克；③ 每千克××元；④ 总共需要××元，如果您确定要全部托运，稍后请拿我为您开具的逾重收费单，到××柜台交逾重行李费，然后回来领取登机牌（不用排队）。"

若旅客不愿意缴费，则建议旅客拿出部分行李随身携带（注意提醒旅客随身行李事项）。

7. 补托运行李

（1）航班结载后不得加行李。

（2）补托运行李步骤。

① 查验贵宾证件和登机牌（核对证件和登机牌姓名是否相符）。

② 根据贵宾提供的登机牌信息提取航班号。

③ 用F3按键切换已值机界面。

④ 用姓名全拼提取贵宾信息，并核对登机牌上BN号与系统中的是否一致，证件号码与系统中是否一致。

二、贵宾行李收运的流程

1. 收运

为高端旅客行李拴挂优先行李专用标识（图5-2），提供行李优先服务。高端旅客行李在托运过程中与其他旅客行李区分，实行分类装机、先装后卸。

请旅客在高端旅客地址挂牌（图5-3）上填上旅客姓名、地址及联系电话等，并拴挂在托运行李上。

图5-2　南航优先行李专用标识（样式）

图5-3　南航高端旅客地址挂牌（样式）

2. 交接

加强高端行李运输监管，建立"高端行李单独交接制度"，相关部门安排专人负责进出港航班高端行李的交接，认真核对行李的件数、航班号，注明交接时间并签字确认。

3. 装卸

严格落实监装、监卸制度；装卸行李要轻拿、轻放，并放置于行李抽斗车的专车区域，做到大不压小、重不压轻、硬不压软；高端旅客行李及其他优先行李的装机原则是分类装机、先装后卸，以便在到达时快速交付或中转到其他航班。

对宽体客机的VIP行李、头等/公务舱旅客行李要单独装箱；行李集装箱应拴挂/放置有行李种类、箱号、航班号等信息的行李箱标识牌。配载部门要在装机通知单中注明高端旅客行李的装机位置。装机完毕后，装卸部门要将装机情况向配载发报部门报告头等/公务舱行李装机情况（装机信息应包含高端行李箱号、行李位置）。行李分装信息应在箱板报（CPM电报）上体现。箱板报内容中，高端旅客行李信息至少包含行李箱号、行李种类。对到达航班，装卸部门应优先交接高端行李箱。

4.交付

进港航班应确保高端旅客托运行李优先卸上转盘，提供行李优先交付服务。飞机到站后，VIP、头等/公务舱旅客行李最先卸到到达行李转盘，第一件行李应在15分钟内交付给旅客，高端旅客全部行李应在20分钟内交付给旅客（不含远机位）。交付高端行李时，行李发放人员应核对行李牌号码并收回旅客持有的行李领取凭证。

三、行李不正常运输

行李不正常运输是指行李在运输过程中，由于承运人工作疏忽、过失或其他原因造成的行李运输差错或行李运输事故，如行李迟运、错运、错卸、漏卸、错发、损坏、遗失等；造成承运人不能按照客票上的约定将旅客托运的行李及时完好地交付旅客。

1.少收行李

少收行李指由于运输差错，使得航班到达目的地后，航班无法按规定的时间和行李件数向旅客交付应该同机运达，或下落不明尚待查找的行李。

少收行李的原因主要有：旅客错领、冒领；始发站发生错装或行李牌脱落、无法辨认行李的目的而没有装上飞机；始发站漏运或超载被落下；本站货运漏卸或将行李当成货物误卸至货运仓库；经停站错卸行李等。

少收行李的处理办法如下。

① 了解旅客的相关信息，查验旅客的机票、登机牌和行李提取联的目的地是否相符，向旅客了解少行李的形状、颜色和制作材料等特征。

② 根据上述信息，查到达行李传送带周围有无遗留行李、飞机的货舱有无漏卸、有无当作货物错运到仓库、本站的多收行李记录和询问本站的其他航空公司的查询部门有无此行李。

③ 填写《行李运输事故记录》，一式两份，一份作为旅客的收执，凭此领取行李或办理赔偿，另外，还要收回旅客的行李提取联附在另一份记录表上，建立少收行李记录档案。

④ 拍发少收行李电报（AHL）。

⑤ 理赔。

2.多收行李

多收行李是指在本次航班到达24小时，行李交付工作结束后仍无人认领的行李。

多收行李的原因主要有：到达站错发、旅客错领、冒领；始发站错运、漏运或超载落下、对方站货运错卸；经停站错卸；错运本站；本站多卸；无人认领等。

多收行李的处理办法如下。

① 登记迟运、漏运、行李牌脱落、漏挂或卡包以及被旅客遗失等原因未能运出的行李时，在《出港不正常行李运输记录》上做好记录。

② 有目的地多收行李速运最早航班，并拍发速运行李电报（FWD）。如当日无后续航班，可先拍发速运电报，以便能在航班到达时及时通知旅客，避免不必要的查询。

③ 无牌多收时，查看外站少收行李电报，确认后速运对方站。然后再查看行李上有无旅客姓名，通过行李上的旅客姓名可查找旅客的航班信息。向相关航站拍发多收行李电报（OHD），拴挂多收行李卡入库保存。若无外站的少收信息，72小时后可开包查找旅客的相关信息，按无法交付行李处理。

3. 破损、内物短少、污染行李

行李破损指旅客托运的行李在储存、运输过程中，因行李的外部收到损伤或行李的形状发生改变，而使行李的外包装、内装物品受到损伤。

行李内物短少是指旅客的托运行李由于破损或其他原因而造成行李内物部分物品的遗失。

行李破损、内物短少的处理办法如下。

① 轻度受损，修复后一般不予赔偿或象征性赔偿。

② 当时无法修复，付给适当的修理费。

③ 行李受损以致无法使用时，向旅客提供同一形状、规格基本相似的新行李箱或同意旅客在限定价格内购买一新行李箱，在赔偿期限内凭发票报销一次性地付给旅客适当的赔偿费。

④ 如果拴挂免除责任行李牌，那么不负责行李破损的赔偿。

4. 托运行李内物被盗或丢失

航空货运过程中，旅客的托运行李需要多个工作部门协作完成装卸任务，有目标性的盗窃行为可能性不大，发生内物丢失的原因多半可能是因为行李箱未上锁或者行李箱质量较差、内物装的太多，在搬运过程中，行李箱受到挤压发生破裂而被迫开启。

行李内物被盗或丢失的处理程序如下。

① 旅客在提取行李时，发现托运行李内物被盗或丢失，承运人需详细询问旅客，并请旅客书面提出被盗或丢失的物品和价值，后经核实属承运人责任，应照价赔偿。

② 旅客在提取行李时，没有发现异状，事后旅客又提出行李内物被盗或丢失，承运人应协助旅客查找，除非旅客能证明是因为承运人的过失导致，否则承运人不承担任何责任。

5. 行李赔偿

（1）免除承运人责任情况

① 自然灾害或其他无法控制的原因。

② 旅客的托运行李违反了国家有关法律、政府规章、命令和旅行条件的规定。

③ 由于行李本身的性质、缺陷或内部物品所造成的变质、减量、破损或毁灭等。

④ 行李内装有按规定不能夹入托运行李内运输的物品。

⑤ 拴挂了免除责任行李牌。

⑥ 外包装完好，但内物损坏（除旅客能证明属承运人的责任）。

⑦ 旅客行李内装物品对他人物品或承运人造成损害，旅客应承担赔偿责任。

（2）一般规定

① 国内运输每千克赔偿限额为100元，如果托运行李已收逾重行李费应予以退还。

② 国际运输每千克赔偿限额为20美元，按实际价值赔偿，已使用航段逾重行李费不退。

③ 已办理声明价值的行李，应按声明价值赔偿，声明价值附加费不退；如果声明价值高于实际价值，按实际价值赔偿。

④ 赔偿的件数和重量以客票上所填写的件数和重量为准；客票上未填写件数和重量，按免费行李额计算（旅客持有有效的逾重行李票除外）。

⑤ 行李部分遗失时，总重量减去已交付给旅客的其他部分行李的重量来计算其需要赔偿的重量。

⑥ 放宽免费行李额的行李，仍按免费额计算，放宽部分的重量不作赔偿。

⑦ 计件行李除交付逾重行李费外，每件行李的赔偿限额以32千克为限。

⑧ 自理行李或随身携带行李的赔偿限额：国内航班不超过3000元，国际航班不超过400美元。

⑨ 丢失行李找到后，旅客应退回赔偿款（临时生活补偿费不退）；构成国际运输的国内段，行李赔偿按国际运输的赔偿规定办理。

（3）赔偿时限

① 行李损坏赔偿应当在交付行李时立即向承运人提出索赔要求，收到行李之日起7天内提出。

② 行李延误赔偿应当在交付给旅客行李之日起21天以内提出。

③ 行李遗失赔偿应当在交付给旅客行李之日起21天以内提出。

（4）诉讼时效

诉讼时效期为两年，从飞机到达目的地点之日起，或从飞机应当到达之日起，或从运输停止之日起计算，否则就丧失任何损失的诉讼权。

第三节 贵宾安检服务

一、机场安检工作的规定

1. 安检的定义、目的及任务

安检是安全技术检查的简称，是指在民航机场实施的为防止劫（炸）机和其他危害航空安全事件的发生，保障旅客、机组人员和飞机安全而采取的一种强制性的技术性检查。

安检服务十分必要，是民航企业提供高质量旅客服务中的最重要的基础。

安检服务其根本目的是防止机场和飞机遭到袭击，防止运输危险品引起的事故，确保乘客的人身安全和财产安全。

安全检查的对象是所有乘坐民航班机的旅客及其行李物品和空运货物、邮件。

安全检查的目标是发现一切可用作劫、炸机的危险品和违禁物品。

安全技术检查工作任务包括对乘坐民用航空器的旅客及其行李，进入航站楼隔离区的其他人员及其物品以及空运货物、邮件的安全检查；对航站楼隔离区内的人员、物品进行安全监控；对执行飞行任务的民用航空器实施监护。

2. 民航安检的相关法规

（1）有关航空安全保卫的国际公约

①《芝加哥公约》。国际民用航空公约（The International Civil Aviation Covenant）惯称《芝加哥公约》。有关国际民用航空在政治、经济、技术等方面问题的国际公约。国际民用航空公约是1944年12月7日在美国芝加哥召开的国际民用航空会议上签订的有关民航的公约，于1947年4月4日起生效，是国际航空公法的基础和宪章性文件。鉴于目前已有150多个国家批准加入了这个公约，它制定的法律原则和规则已具有普遍国际法效力。

②《东京公约》。该条约于1963年9月14日在日本东京签订，全称为《关于航空器内的犯罪和犯有某些其他行为的公约》。公约签订的目的在于维护国际民用航空活动的有序进行、加强民用航空交流与合作、制止民用航空犯罪行为，推动国际民用航空事业的发展。我国于1978年11月14日加入该公约。

《东京公约》共分七章二十六条，其中主要内容有：

第一章，公约的范围。本章规定了民用航空犯罪的定义及公约的适用范围。

第二章，管辖权。本章规定了民用航空犯罪管辖权的原则及确认。

第三章，机长的权力。本章规定了民用航空器内出现犯罪时机长的权力和责任。

第四章，非法劫持航空器。本章规定了航空器遇劫时的处理。

第五章，国家的权利和义务。本章规定了缔约国对于民用航空犯罪行为所拥有的权利和应负的义务，重点是关于罪犯的引渡以及刑事追诉等问题。

第六章，其他规定。本章是对以上规定的部分内容做的补充。

第七章，最后条款。本章规定了公约的生效、加入、退出、保存等方面的内容。

③《海牙公约》。1970年12月16日在海牙签订的，全称为《关于制止非法劫持航空器的公约》，对共同打击非法劫机犯罪活动达成协议。我国于1980年8月10日申请加入，同年10月10日对我国生效。

《海牙公约》共有十四条，主要规定了非法劫持民用航空器犯罪行为的定义、对非法劫持航空器犯罪的管辖权、引渡、刑事诉讼及缔约各国的权利和义务。

④《蒙特利尔公约》。1971年9月23日在加拿大蒙特利尔签订，全称为《关于制止危害民用航空安全的非法行为的公约》，对共同制止和打击危害航空运输和旅客安全的非法行为制定

了更为详细的规定。我国于1980年8月10日申请加入，同年10月10日对我国生效。

《蒙特利尔公约》共十六条，其内容体系与《海牙公约》相似，主要内容也是关于航空犯罪的定义、管辖权、刑事诉讼等方面的规定，该公约对航空犯罪的定义和范围比以前更详细。

（2）《中华人民共和国民用航空法》《中华人民共和国民用航空法》于1995年10月30日经第八届全国人大常委会第16次会议审议通过。这是新中国成立以来第一部规范民用航空活动的法律，是我国民用航空发展史上的一件大事。《中华人民共和国民用航空法》的颁布，对维护国家的领空主权和民用航空权利，保障民用航空活动安全和有秩序地进行，保护民用航空活动当事人各方的合法权益，促进民用航空事业的发展，提供了强有力的法律保障。《中华人民共和国民用航空法》共有十六章。

（3）《中华人民共和国民用航空安全保卫条例》《中华人民共和国民用航空安全保卫条例》是为了防止对民用航空活动的非法干扰，维护民用航空秩序，保障民用航空安全制定的条例。于1996年7月6日《中华人民共和国国务院令》（第201号）发布。

（4）《中国民用航空安全检查规则》《中国民用航空安全检查规则》（以下简称《规则》）于1999年5月14日经中国民用航空总局局务会议通过，自1999年6月1日起施行。

民用航空安全检查部门（以下简称安检部门），依照有关法律、法规和《规则》，通过实施安全检查工作（以下简称安检工作），防止危及航空安全的危险品、违禁品进入民用航空器，保障民用航空器及其所载人员、财产的安全。

安检工作包括对乘坐民用航空器的旅客及其行李、进入候机隔离区的其他人员及其物品，以及空运货物、邮件的安全检查；对候机隔离区内的人员、物品进行安全监控；对执行飞行任务的民用航空器实施监护。

民航公安机关对安检部门的业务工作进行统一管理和检查、监督。从事民用航空活动的单位和人员应当配合安检部门开展工作，共同维护民用航空安全。

安检部门发现违背《规则》规定的危及民用航空安全行为的，应当予以制止并交由民航公安机关审查处理。

乘坐民用航空器的旅客及其行李，以及进入候机隔离区或民用航空器的其他人员和物品，必须接受安全检查；但是，国务院规定免检的除外。

（5）《中国民用航空危险品运输管理规定》 2004年7月12日《中国民用航空总局令》（第121号）发布：为了加强民用航空危险品运输管理，保障飞行安全，根据《中华人民共和国民用航空法》和《国务院对确需保留的行政审批项目设定行政许可的决定》（国务院令第412号），制定《中国民用航空危险品运输管理规定》（CCAR—276），于2004年5月24日经中国民用航空总局局务会议通过，自2004年9月1日起施行。

二、贵宾安检工作流程

"9·11"恐怖袭击事件后，安检服务在全世界范围内都得到了进一步的重视和提高。安检服务包括证件检查、人身检查、物品检查以及飞机与隔离区监护。所有安检人员必须熟悉安检工作的基本程序，明确岗位职责要求。图5-4中，贵宾旅客享有礼遇安检通道，贵宾旅客安检先后需要进行证件检查，随身携带行李需通过X光机检查，旅客通过安检门接受人身检查，如安检门报警需要接受复查。具体安检流程如图5-5所示。

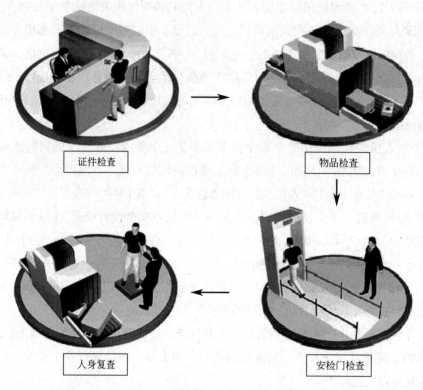

图5-4　贵宾旅客安检通道示意图

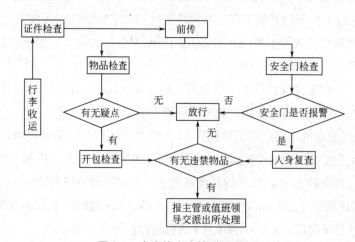

图5-5　贵宾旅客安检详细流程图

1. 岗前准备

① 上岗前应先做好准备工作。工作人员上岗前与上一班工作人员进行交接，查看执勤纪律本，了解上班次是否有突发事件，了解处理情况及是否有移交事项。检查X光机的外壳面

板、显示器、键盘及电缆是否完好。（如有损坏，严禁开机，并且应当拔出电源插头使其与主电源断开）

② 检查X光机通道入口及出口处的铅防护帘。（不可使用铅防护帘缺损的X光机）

③ 检查X光机的传送带是否有磨损或赃物。开机前必须将赃物清除。（如果传送带严重磨损尤其是边缘的磨损，会导致X光机损坏）

④ 检查完毕后打开X光机，并输入注册识别码进行上机操作。（每位队员一个注册识别码）

⑤ 检查安检门外壳面板是否有损坏，电源插头及电缆是否完好。安检指示灯是否正常工作，安检灵敏度是否达到正常工作要求。

⑥ 检查金属探测仪电源是否充足，外壳是否有破损，安检灵敏度是否达到工作要求。

⑦ 检查执勤记录本是否有损坏，记录情况是否详细规范。

⑧ 检查贵宾礼遇安检通道卫生是否符合标准，安排专人在通道口引导。

2. 检查实施

检查人员的实施步骤如下。

① 在图5-6中，安检门和X光机之间放置一张小桌，用于放置被检人员随身的小件物品（如钥匙、硬币等），最好备1~2个小篮子盛放小件物品，以免过安检时人员相互拿错。

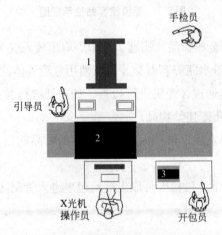

图5-6 安检设备摆放和人员站位示意图

1—安检门；2—X光机；3—危险液体检查仪

② 引导员负责提醒过检人将随身包裹放到X光机传送带上过检，并取出随身小件金属物品放入篮中后按秩序通过安检门。手工检查确认篮中物品没有违禁物品，或直接将小篮放到X光机传送带上过检。

③ 如有条件，X光机应配备几个塑料盛物篮筐，将被检物品放入篮筐后再过机检查，以免被检物品因剐蹭损坏。

④ 手检员面对或侧对安全门站立，注意观察安全门报警情况及动态，确定重点手检对象。手检应本着男不查女的原则进行。

⑤ X光机操作员负责X光机的图像识别，发现可疑物品时，示意后引导员实施开包检查。

⑥ 开包员注意聆听X光机操作员的提示或注意观察X光机开包检查指示灯，随时准备开包检查。

3. 被检人员的实施步骤

① 图5-7中，被检人将随身携带的包裹等放到X光机的传送带上接受检查。

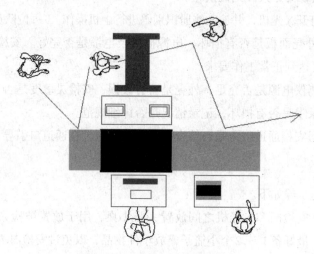

图5-7　受检旅客站位示意图

② 被检人将身上的小件金属物品如钥匙、硬币等取出放入安全门旁的小桌上的小篮筐内，后依次通过安检门。随身携带水瓶等容器交开包员使用危险液体检查仪进行检查。

③ 放入篮中的物品，应通过X光机进行检查，如不便进行X光机检查的物品应注意采用摸、掂、试等方法检查是否藏匿违禁物品。

④ 如安检门无报警情况发生，被检人取回篮筐内的物品前往X光机出口滑板端等待过机包裹。

⑤ 如X光机过机包裹正常，被检人可取出被检包裹进入管制区域。

三、特殊情况的处理

（1）拒绝接受安全检查的人员，不准登机或进入候机隔离区，损失自行承担。

（2）对持居民身份证复印件、伪造或变造证件、冒用他人证件者不予放行登机。

（3）对有下列情形之一者，应带至安检值班室进行教育；情节严重的，交由民航公安部门处理。

① 逃避安全检查的。

② 妨碍安检人员执行公务的。

③ 携带危险品、违禁品又无任何证明的。

④ 扰乱安检现场工作秩序的。

（4）有下列威胁航空安全行为之一的，交由民航公安机关查处。

① 携带枪支、弹药、管制刀具及其仿制品进入安检现场的。
② 强行进入候机隔离区不听劝阻的。
③ 伪造、冒用、涂改身份证件乘机的。
④ 隐匿携带危险品、违禁品企图通过安全检查的。
⑤ 在托运货物时伪报品名、弄虚作假或夹带危险物品的。
⑥ 其他威胁航空安全的行为。

（5）对违反《中华人民共和国民用航空安全保卫条例》第三十二条规定，携带《禁止旅客随身携带或者托运的物品》所列物品的，安检部门应当及时交由民航公安机关处理。

（6）对违反《中华人民共和国民用航空安全保卫条例》第三十三条规定，携带《禁止旅客随身携带但可作为行李托运的物品》所列物品的，应当告诉旅客可作为行李托运或交给送行人员；如来不及办理托运，安检部门按规定办理手续后移交机组带到目的地后交还。

不能按上述办法办理的，由安检部门代为保管。安检部门应当登记造册，妥善保管；对超过三十天无人领取的，及时交由民航公安机关处理。

（7）对含有易燃物品的生活用品实行限量携带。对超量部分可退给旅客自行处理或暂存于安检部门。

安检部门对旅客暂存的物品，应当为其开具收据，并进行登记。旅客凭收据在三十天内领回；逾期未领的，视为无人认领物品按月交由民航公安机关处理。

第四节
航班不正常服务

一、服务保障原则

① 重要旅客应优先保障，且派专人服务，两舱旅客优先于经济舱其他旅客的服务。
② 航班不正常服务零有效投诉。
③ 高端经理负责服务保障的组织、协调、监控。
④ 秉承"尊贵、舒适、方便、快捷"的高端服务品牌精神，为航班不正常情况下的要客及两舱旅客提供温馨周到、便捷诚信、细心周全、真诚贴心、快速响应的服务。

二、服务保障标准

1. 信息通知服务

① 收到航班不正常信息应专人以电话的形式及时通知要客，以短信形式通知两舱旅客。

② 通知信息包含：航班不正常的原因、航班预计起飞时间（或新的航班起飞时间）、有无其他航班可更改、后续安排。

2. 托运行李处理

① 要客、两舱旅客要求提取托运行李时，高端行李员协助需要提取已托运行李的要客提取行李；要客提取行李时，回收行李牌及行李领取凭证，按规定做好相关记录并在离港系统中删除要客行李信息。

② 要客、两舱旅客的托运行李需要转运其他航班时，需要做好行李的重新托运工作；与接收签转的承运人交接签转旅客的托运行李，并作好交接记录。

③ 未被提取的要客行李放在指定仓库由专人负责监管。

3. 改乘手续办理

（1）监控延误航班、后续航班、补班航班，及时帮要客、两舱预留座位，在征得旅客同意的情况下为要客签转或变更到下一个同目的站最早的航班上，票款差额由航空公司承担。

（2）优先考虑重要旅客的签转要求；如航班无空余座位而重要旅客坚持签转，高端客户经理可协调拉下或降级普通旅客。如航班无空余座位而两舱旅客坚持签转，可建议旅客降舱处理。

（3）按以下顺序为重要旅客、两舱旅客安排改乘航班：

① 航空公司其他航班。

② 与航空公司联营的航班、联盟成员承运的航班。

③ 航空公司作为地面总代理的航班。

④ 签转与航空公司地面代理协议的其他承运人航班（根据要客要求）。

（4）航班延误造成后续国际联程航班重要旅客不能按期乘行情况。在当日有始发站直飞目的地航班或经由其他衔接方式到达目的地的航班且有空余座位的情况下优先改签衔接国际航班的要客。

（5）在当日无始发站直飞目的地航班或无经由其他方式衔接到达目的地的航班或无法改签的情况下，在始发站做好旅客食宿安置工作，尽快消除旅客的不满情绪。

（6）办理退票

① 两舱旅客执意退票时可在机场直接为其办理退票手续，退还票款。

② 对于回出票地退票的要客，为其开具延误证明。

4. 餐饮服务标准

（1）重要旅客餐食：正餐不低于100元，早餐/宵夜不低于40元。

两舱旅客餐食：正餐不低于50元，早餐/宵夜不低于30元。

（2）要客、两舱旅客选择在休息室用餐：休息室提供的餐饮标准等同或高于不正常标准，无须额外提供餐饮服务。休息室提供的餐饮标准低于不正常标准，按不正常标准为受影响旅客提供餐食。

（3）要客、两舱旅客选择不在休息室用餐：可按照不正常餐饮标准，派发协议餐厅的餐券。

5. 住宿服务标准

① 要客、两舱旅客住宿标准：不低于四星级标准酒店（或等同于该服务水平的宾馆），标准单人间。

② 要客、两舱旅客安排专车，贵宾车级别车辆接送。

③ 住宿期间，应按照标准提供餐饮服务。

④ 信息通报。如航班延误住宿，不正常信息更新按"信息通知"标准操作，专人单独通知要客。

模拟练习

工作任务：在教室内模拟进行贵宾室服务。

任务描述：张先生是南航明珠俱乐部金卡会员，定了当晚19点的航班，由广州飞往上海。但由于天气较寒冷，道路堵车，张先生18点20分才到达机场，因出发仓促，穿得很单薄，还没有吃晚饭，请马上引领张先生进入贵宾休息室，协助办理登记手续，并引领登机。

任务要求：按照高端旅客服务规范进行服务，满足个性化服务要求。

课后思考题

1. 简述贵宾值机服务流程。
2. 贵宾值机服务遇到特殊情况应如何处理呢？
3. 简述贵宾行李交付服务流程。
4. 若旅客行李超重应如何处理？
5. 行李赔偿的时限是怎样规定的？
6. 简述贵宾安检工作流程。
7. 简述航班不正常服务保障标准。

第六章

机场贵宾厅硬件环境认知

> **学习目标**
>
> 1. 了解贵宾厅硬件环境构成，熟悉独立高端出港服务区和无独立出港服务区位置选择和整体要求，掌握两个服务区的各种硬件标准；
> 2. 了解贵宾厅设施设备总体要求，熟知休息室、商务区、阅读区、独立休息间硬件标准；
> 3. 熟悉贵宾厅供餐条件，掌握餐食和餐具设备的标准。

机场贵宾厅的布局与环境是每位客人进入机场后的第一印象。当贵宾步入贵宾厅时应感受到一种温暖、松弛、舒适和备受欢迎的氛围。这一点很重要，因为每一位贵宾在贵宾厅候机之前，他的心里会对机场贵宾厅怀有一种潜在的期待，渴望能够具备温馨、安全的环境，甚至最好有点惊喜。好的贵宾厅设计能够在细微之处透露出那份对客人无微不至的关怀，值机、行李、安检、商务都应分区段设置，合理的设计会使整个贵宾厅自动形成几条"隐形通道"，以便于不同目的的客人自动分流，繁忙中一切又井然有序。贵宾厅的装饰、灯光、布置，必须有特色，还要体现出应有的等级、服务特点及管理风格，必须对客人有较强的吸引力，并具备宁静的气氛。本章将详细介绍机场贵宾厅硬件环境构成，包括独立高端出港服务区和无独立出港服务区位置选择和整体要求，以及其硬件标准，贵宾厅各功能分区及其硬件标准，贵宾厅供餐条件及餐食标准。

第一节
贵宾厅硬件环境构成

Skytrax星级评定

Skytrax（Skytrax Research）公司成立于1989年，总部设于英国伦敦，是一家独立的全球航空运输研究专业监测咨询机构。每年，Skytrax均会针对全球最佳机场、航空公司、最佳头等舱、最佳经济舱等多项分类进行调查评比。由于其调查样本来自网络、商业调查团体实际访谈、电话访问等多种途径，样本往往多达近百个国家，共计百万人，因此评比结果在航空界一向具有高公信力与指标性。

skytrax星级评定分为五个级别：五星（very good）、四星（good）、三星（fair）、二星（poor）、一星（very poor）。评定原则主要是旅客在享受服务过程中的切身感受。

近年度全球最佳机场奖（图6-1）：

Skytrax最佳机场

图6-1　Skytrax最佳机场、最佳航司奖

（1）2012　仁川国际机场、新加坡樟宜机场、香港国际机场。
（2）2013　新加坡樟宜机场、仁川国际机场、阿姆斯特丹史基浦机场。
（3）2014　上海虹桥机场、新加坡樟宜机场、仁川国际机场、香港国际机场。

Skytrax机场贵宾室服务环境标准（五星）：

（1）面积宽敞，与接待能力相适应。参考高峰期每名旅客2平方米；平均服务面积满足每名旅客4平方米。
（2）布局和功能划分合理，设施使用方便、安全，区域通风良好。
（3）内外装修采用高档材料、工艺精致、具有突出风格。

（4）装修豪华、风格独特、装饰典雅、色调协调、光线充足。

（5）设施设备养护良好，无噪声，达到完备、整洁和有效。

（6）设有公共音响转播系统，背景音乐曲目、音量适宜，音质良好。

（7）高端服务区域内供旅客取阅的中文报纸杂志要报备；外文报纸杂志审批后，方可放置。

（8）服务产品的宣传材料应统一发放，摆放于各类柜台、报刊架醒目位置。

（9）高端旅客服务区域内应避免一次性纸制品、可被替代的塑料质地制品的出现，如一次性纸杯、塑料杯、塑料汤匙等。

一、独立高端出港服务区

1. 位置选择

（1）服务区域的设置应符合旅客出行习惯，区域的出入口位置方便旅客进出，尽量避免旅客走重复的路线，选择值机区至安检、海关或边防等联检单位的距离应短于普通旅客的行走距离。

（2）有条件设立高端旅客独立乘机服务楼的航站，应选择与普通旅客出发大厅相邻较近或步行5分钟内即可到达普通旅客出发大厅。在到达机场转入专用通道的最后一个机动车行驶岔路口前500米、100米及50米应有明显的指示标识，提醒接送车辆进入正确的行驶车道，如图6-2所示。

图6-2　南航独立高端旅客出港区

2. 整体要求

（1）独立的高端旅客出港服务区入口应设置为开放式的，尺寸参考：高度不低于2米，宽度至少4米。

（2）服务区域入口处最多放置2个立式水牌，立式水牌参考尺寸：150厘米×50厘米，有条件的航站可以设电子显示屏。

（3）入口处需放置颜色醒目的迎宾毯，迎宾毯长度要与入口宽度相同，并覆盖入口外至少1米区域，迎宾毯上要含有符合航空公司的标志或航空公司贵宾值机区的标志等。

（4）区域内的休息区要铺置风格高雅的地毯。地毯参考厚度不小于1厘米。

（5）区域内进行以美学为基础的环境布置。要放置至少1种绿植，放置数量参考每10平方米1株，摆放位置以不影响客人办理手续为宜。

（6）区域内可适当留出为航空公司最新营销服务产品广告宣传的立面广告位，广告位面积视各服务区的情况而定，最小不少于2平方米。

（7）休息区可选择配备2台电瓶车（4座以上），供登机距离超过200米或其他有需要的高端客人使用。

3. 柜台要求

① 柜台配置可提供值机、售票等功能的电脑。（配备双显示屏的电脑，面向旅客的一侧选择性提供航班信息供旅客了解，做出选择。）

② 柜台摆放雅致美观的鲜花，如兰花、蝴蝶兰、君子兰等（有条件可摆放专业的插花）。鲜花的尺寸以不遮挡工作人员与旅客顺畅交流为宜，保证能够及时更新。

③ 柜台统一用玻璃碗盛装薄荷糖，呈螺旋上升形状摆放整齐，玻璃碗直径、高度均不超过10厘米。保证碗内有80%的空间有糖，如图6-3所示。

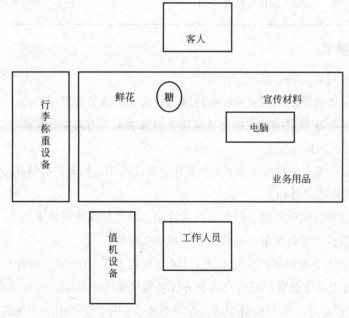

图6-3　高端值机柜台空间布置

④ 为旅客配备舒适的座椅。

⑤ 为旅客配备航空公司宣传资料。

⑥ 值机柜台间可采取建立隔断、增加柜台间距、摆放绿植等方式，保证旅客信息的私密性。

⑦ 柜台物品摆放标准参考，见表6-1。

表6-1　独立高端出港服务区柜台硬件标准

序号	名称	参考数量	参考标准	备注
1	值机柜台	≥2类，每20平方米1个	—	VIP/头等舱/公务舱客人柜台、航空联盟会员/金、银卡会员服务柜台
2	综合服务柜台	1个	—	提供问询、会员服务、客票服务等服务
3	旅客题词本	综合服务柜台1个	16开，皮质、红/蓝/黑，内页红/白	金/黑色软笔，金/黑色白板笔，知名品牌签字钢笔
4	鲜花	同柜台数量	高度≤40厘米，直径≤15厘米	不影响客人办理手续
5	插花	同柜台数量	—	可选
6	薄荷糖	同柜台数量	玻璃碗直径≤10厘米，高度≤10厘米	碗内有80%的空间有糖
7	座椅	同柜台数量	长度≤80厘米，宽度≤60厘米	舒适皮椅
8	航空公司宣传资料	同柜台数量	—	航空公司营销产品
9	双屏电脑	同柜台数量	—	旅客面选择性显示航班座位信息

4. 休息区域要求

① 区域内要配置相应的休息区。

② 休息区应位于服务区内相对安静的角落，便于旅客休息等候。

③ 休息区要有一定数量的沙发或舒适座椅，放置数量参考每4平方米1人位，尽量设置易于搬动的单人沙发、座椅。

④ 至少每4个（单人）沙发要配置1个茶几，茶几的中心位置摆放鲜花或插花、纸抽，茶几远离通道的一侧摆放垃圾桶。

⑤ 垃圾桶的选择以颜色明亮、外形高档为原则，垃圾桶高度要低于茶几。

⑥ 休息区内至少要配备瓶装矿泉水，摆放现磨咖啡机。

⑦ 休息区提供1个报刊架，高度不低于1米，宽度大于50厘米，摆放一定数量的报纸杂志供客人取阅。可设高度适宜、符合高端服务区装修风格的书报架，备有当地主流媒体报纸2种以上、2种英文报纸，在醒目位置摆放《××航空》《机上娱乐指南》等杂志及营销活动的宣传折页。

⑧ 休息区要根据值机柜台的数量配备不少于2台高档行李推车。

⑨ 休息区可设立酒吧台，向客人提供红酒、鸡尾酒等有偿或展示服务。

⑩ 独立高端服务区休息区域硬件标准，见表6-2。

表6-2 独立高端服务区休息区域硬件标准

序号	名称	参考数量	参考标准	备注
1	座椅/沙发	每4平方米1人位	长度≤80厘米，宽度≤60厘米	—
2	茶几	同茶几数量		
3	鲜花	同茶几数量	长度≤40厘米，宽度≤15厘米	不影响客人办理手续
4	插花*	同茶几数量	长度≤40厘米，宽度≤15厘米	可选
5	纸抽	同茶几数量	盛放的玻璃碗直径≤10厘米	
6	饮水机	1台		
7	磨豆式咖啡机	1台		
8	报刊架	≥1个	高度≥1米，宽度≥50厘米	中文报纸≥2种，英文报纸≥2种，航司杂志2种
9	行李车	2个	高度≥1米，长度≥80厘米，宽度≥60厘米	—

二、未设立独立服务区域航站的柜台要求

1.位置选择

位置明显，应选择航空公司柜台中距离出发大厅主要出口最近或方便旅客看到的柜台作为高端旅客服务柜台。

2.指示标识

在出发大厅的重要入口应有明显的指示标识，方便高端旅客能在最短时间找到值机柜台。

3.整体要求

① 在值机区域设置2类专门的高端旅客值机柜台（VIP/头等舱/公务舱客人柜台，航空联盟会员优先/金、银卡会员服务），如图6-4所示。

图6-4 高端旅客值机柜台

② 客票服务区域应配置高端旅客优先办理柜台，并提供相对应的标识。

③ 设置多功能服务柜台。为有需要的高端旅客提供问询、会员服务、客票服务等服务。

④ 值机柜台、客票柜台、多功能柜台前要铺放颜色醒目的迎宾毯，迎宾毯宽度要与柜台相当，长宽比例符合黄金分割（1∶0.618），摆放在柜台外黄线以后。迎宾毯上要含有航空公司的标志或贵宾值机区标志等。

⑤ 高端旅客优先办理柜台必须要用航空公司统一的隔离拉带与普通柜台明显分离开，配备专门的柜台服务人员。

⑥ 柜台摆放鲜花或插花，视柜台尺寸大小，放置薄荷糖、航空公司宣传材料，多功能柜台摆放旅客题词本。

⑦ 柜台物品摆放标准如图6-5所示。

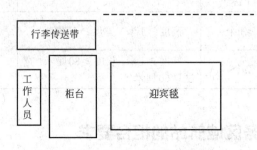

图6-5　高端值机柜台空间布置

⑧ 非独立高端服务区域硬件标准

非独立高端服务区域硬件标准见表6-3。

表6-3　非独立高端服务区域硬件标准

序号	名称	参考数量	参考标准	备注
1	值机柜台	≥2类	—	VIP/头等舱/公务舱客人柜台、航空联盟会员/金、银卡会员服务柜台
2	客票服务柜台	≥1个	—	—
3	多功能柜台	≥1个	—	提供问询、会员服务、客票服务等服务
4	迎宾毯	同柜台数量	宽度与柜台相当，长宽比符合黄金分割	摆放于柜台1米黄线后
5	鲜花	同柜台数量	高度＞30厘米，直径＞15厘米	不影响客人办理手续
6	插花	同柜台数量	高度＞30厘米，直径＞15厘米	可选
7	旅客题词本	同柜台数量	16开，皮质、红/蓝/黑，内页红/白	金/黑色软笔，金/黑色白板笔，知名品牌签字钢笔
8	薄荷糖	同柜台数量	玻璃碗直径≤10厘米	—
9	航空公司宣传资料	同柜台数量	—	航空公司营销产品

第二节
贵宾厅设施设备

一、总体标准

① 休息室要设置服务台、休息区、商务区、阅读区、酒吧台、就餐区（餐台）、儿童区等功能区，为高端旅客提供餐饮、娱乐、商务等服务。区分贵宾旅客和卡类旅客。

② 休息室入口设置明显的航空公司的指示标识（立式水牌），有条件的航站可以设电子显示屏。铺设颜色醒目的迎宾地毯，迎宾毯要覆盖入口及入口外1米范围内。

③ 环境温度、湿度适宜。温度维持在23～25℃，湿度在50%～70%。

④ 休息室入口高度不低于2米，宽度不少于1.5米。

⑤ 休息室入口处设置服务台，摆放鲜花或插花、放置用玻璃碗盛装的薄荷糖、旅客题词本宣传材料、高端经理名片等，服务台区域面积不小于6平方米。

⑥ 为客人设置有专人看护的行李存放空间。

⑦ 休息室应设置不少于2个独立的休息间。

⑧ 休息室应配备独立的沐浴间。

⑨ 休息室应设立小型会议室，为有需要的客人提供会议保障服务。

⑩ 休息室至少应设置1个儿童活动区。

⑪ 休息室设置单独的按摩体验区。

⑫ 休息室配备能够提供热食的厨房或操作间。

⑬ 休息室可配备2台电瓶车，供登机距离超过200米或其他有需要的高端客人使用。

⑭ 每个休息室应配备有一个男女分设的间隔式公共洗手间。

⑮ 休息室可选择设立吸烟室。

⑯ 休息室总体硬件标准，见表6-4。

表6-4 贵宾休息室总体硬件标准

序号	名称	参考数量	参考标准	备注
1	休息室入口	—	高度≥2米，宽度≤1.5米	
2	迎宾毯	1块	覆盖入口及入口外1米范围内	颜色醒目，符合航司要求
3	立式水牌	≤2个	150厘米×50厘米	—
4	电子显示屏	≤2个	150厘米×50厘米	可选
5	服务台	1个	≥6平方米	鲜花/插花、薄荷糖、旅客题词本、宣传资料、高端经理名片

续表

序号	名称	参考数量	参考标准	备注
6	行李寄存区	1个	≥5平方米	
7	独立休息室	≥2个	面积≥15平方米	最少满足6人休息
8	独立淋浴间	≥1个	面积≥15平方米	配备吹风机、纸巾盒、烘干机、擦鞋机,洗漱台上备有国际高端的清洁用品
9	小型会议室	≥1个	面积≥25平方米	提供12平方米的10人会议桌
10	儿童区	≥1个	面积≥15平方米	内置益智玩具、儿童书籍、游乐设施
11	独立按摩区	≥1个	—	—
12	厨房、操作间	≥1个	—	能够提供热食
13	洗手间	—	面积≥30平方米	配备吹风机、纸巾盒、烘干机、擦鞋机,洗漱台上备有国际高端的清洁用品
14	吸烟室	≥1个	面积≥10平方米	配套空气更新设备,保证室内空气在空置5分钟后,达到室外的空气清洁程度

二、休息区标准

休息区标准如图6-6所示。

(a)

(b)

图6-6 贵宾休息室服务环境

① 休息区要铺设风格尊贵、典雅的高档地毯。

② 休息区座椅或沙发布局合理,要能够满足高峰客人使用,参考数量为每4平方米1个沙发或座椅,每2个(3人)沙发或4个(单人)沙发要至少配置1个茶几。(此依据参考泰航曼谷休息室座椅布置标准)

③ 每1组沙发、茶几要配备1个电子台签。电子台签要能够显示航班动态信息,摆放位置要方便旅客关注。如配备小型电视机,则要配备相等数量的降噪耳机。

④ 茶几的高度要适宜旅客在沙发上用餐、休息,茶几中央要摆放鲜花、纸抽。

⑤ 要通过摆放绿植、茶几等物品,实现为客人提供相对独立、舒适的休息环境。

⑥ 区域内要放置至少1种绿植,放置数量参考每10平方米1株,摆放位置以不影响客人休息为宜。

⑦ 休息区要配备至少42英寸的液晶电视,配备数量参考至少每100平方米1台。

⑧ 休息室要配备雅致美观的鲜花,条件允许的可放置精美插花,摆放以不影响客人休息为宜。

⑨ 休息区硬件标准,见表6-5。

表6-5 贵宾休息区硬件标准

序号	名称	参考数量	参考标准	备注
1	沙发/座椅	每4平方米1个沙发或座椅	长度≤80厘米,宽度≤60厘米	
2	茶几	每2人位至少配置1个茶几	高度≥50厘米	高度要适宜旅客在沙发上用餐、休息,茶几中央要摆放鲜花、纸抽
3	电子台签	每1组沙发、茶几要配备1个	方便旅客关注	方便旅客关注航班信息
4	小型电视机	每1组沙发、茶几要配备1个	方便旅客关注	搭配降噪耳机
5	绿植	每10平方米1株	高度≤180厘米,直径≤50厘米	不影响客人候机
6	液晶电视	每100平方米1台	≥42英寸	注意控制音量
7	旅客就餐区	至少每名旅客1平方米	—	可选

三、商务阅读区标准

商务阅读区服务环境如图6-7所示。

① 休息室能够提供免费的网络环境、WiFi等网络接入,同时,至少配备4台可供客人登录互联网的公用电脑设备。

② 休息室要能够提供手机充电、代收发传真、扫描、打印等服务,国际休息室应能为有需要的客人提供国际长途电话限时服务。

③ 休息室可设高度适宜的书报架,为客人提供足够数量的报纸、杂志供取阅。报纸、杂志种类要求:当地主流媒体的报纸5种以上和各类内容健康的书刊、杂志5种以上。例如商业杂志、女性杂志、娱乐杂志等,在醒目位置摆放最新版的报纸、杂志供旅客取阅,刊头要正对客人。

图6-7 贵宾商务阅读区服务环境

④ 阅读区提供至少2种国外英文报纸供旅客取阅，如 *Financial Times*、*USA Today*、*The WallStreet Journal* 等；如有条件，可提供英文杂志，如 *Times* 等。

⑤ 有条件的航站可配置风格高雅的木质书架，色调要符合休息室整体的装修风格。

⑥ 商务、阅读区硬件标准，见表6-6。

表6-6 贵宾商务阅读区硬件标准

序号	名称	参考数量	参考标准	备注
1	网络环境	4台公用电脑	免费的网络环境及WiFi、网线等	—
2	手机加油站/万能充	≥1个	—	—
3	传真机	1台	—	—
4	扫描仪	1台	—	—
5	打印机	1台	—	—
6	复印机	1台	—	—
7	报刊架	≥1个	高度≥1米，宽度≥50厘米	中文报纸≥5种，英文报纸≥2种，杂志（商业、女性、娱乐类等）≥5种，航司、机上娱乐指南
8	木制书架	≥1个	—	色调符合总体风格可选
9	国际长途电话	≥1台	—	限时服务国际休息室提供

四、独立休息间硬件标准

独立休息间硬件标准如图6-8所示。

① 独立休息间面积不小于15平方米，沙发或座椅至少能够满足6人休息。独立休息间室内光线要柔和，有条件的航站可设置有自然采光的独立休息间，可在屋内摆放2～3株绿植。

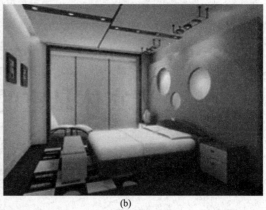

(a)   (b)

图6-8 独立休息间硬件标准

② 休息间内要配备有空气净化器、加湿器、台灯，能够登录互联网的电脑设备、网线接口、网线，装配有40寸以上的电视、机顶盒。

③ 有条件的航站可设立单独的卧室，卧室可选择搭配沐浴间，卧室内应配备台灯、外线电话、网络接入、按摩椅、吹风机、空气净化器，视情况配备电视、机顶盒。

④ 独立的沐浴间应配备国际高端的卫浴用品，如香奈尔、纪梵希等品牌，供应24小时热水。沐浴间面积参考5平方米。有条件的休息室，可提供面积不小于10平方米SPA房，供旅客体验。

⑤ 小型会议室面积参考25平方米，配备10人座会议桌，会议桌参考大小：长6米，宽2米。小型会议室应能够提供打印/复印/传真一体机、提供投影仪、电脑。

⑥ 休息间硬件标准，见表6-7。

表6-7 独立休息间硬件标准

序号	名称	参考数量	参考标准	备注
1	空气净化器	1台	—	—
2	加湿器	1台	—	—
3	台灯	2个	—	—
4	电脑	1台	—	—
5	独立的卧室	1间	—	可搭配沐浴间
6	外线电话	1台	—	独立卧室设备
7	按摩椅	1台	—	独立卧室设备
8	吹风机	1台	—	独立卧室设备
9	电视、机顶盒	1台	≥40英寸	独立卧室设备
10	SPA房	≥1个	面积≥10平方米	可选

第三节
贵宾休息室的餐食条件标准

一、餐食标准

餐食标准如图6-9所示。

图6-9 贵宾休闲室餐食展示

① 休息室要有制作精美、内容丰富的餐单，餐单内容可选择当地比较典型的菜品。

② 在正餐时间，餐台至少提供5种热食、面点（如炒河粉、包子、馒头、茶叶蛋、意大利面条等），2种粥（如八宝粥、白粥等），1种煲汤，必备的佐餐调料（如榨菜、辣椒油、醋等）。热食的提供要兼顾东西方饮食习惯，符合特殊饮食需要，如无糖食品、伊斯兰食品等。

③ 餐台提供西式三明治、水果沙拉、蔬菜沙拉、面包、黄油5种西式冷食。

④ 餐台提供坚果、饼干等自助食品。

⑤ 至少供应4种饮料（如可乐、雪碧、酸梅汤、自调凉茶等）、4种果汁（如桃汁、苹果汁、椰汁、橙汁等）、瓶装矿泉水、热水、4种茶叶（如铁观音、普洱、红茶、绿茶）。

⑥ 休息室为客人提供不少于3种酒类（如红葡萄酒、白葡萄酒、洋酒等）、2种啤酒（如当地品牌）。有条件的航站，可向客人提供鸡尾酒调制等有偿或展示服务。

⑦ 休息室提供机上餐食供旅客选择。

⑧ 休息室餐食标准，见表6-8。

表6-8 贵宾休息室餐食标准

序号	名称	参考数量	参考标准	备注
1	点餐单	≥5份	—	制作精美、内容丰富
2	正餐	中餐热食≥5种 粥类≥2种 汤类≥1种	—	—
3	西式餐点	≥4种	—	三明治、面包、黄油、蔬菜/水果沙拉必备
4	坚果	≥3种	—	—
5	饼干等小吃	≥3种	—	以当地知名品牌为主
6	饮料	≥4种	—	如可乐、雪碧、王老吉、酸梅汤、自调凉茶等
7	果汁	≥4种	—	如桃汁、苹果汁、椰汁、橙汁等
8	瓶装矿泉水	≥1种	—	—
9	茶叶	≥4种	—	如铁观音、普洱、红茶、绿茶等
10	酒类	≥3种	—	如红葡萄酒、白葡萄酒、洋酒等
11	啤酒	≥2种	—	—
12	机上餐食	≥30份/天	—	根据旅客需求提供

二、餐台、餐具设备标准

（1）设置供旅客就餐的区域，参考标准为每名旅客1平方米的就餐区。

（2）依据客舱标准，休息室配备餐具、水杯等以陶瓷制品为主。进餐用具可选择金属质地，避免在休息室内出现明显为塑料质地的制品。配备餐具包括上餐容器、用餐容器、进餐器具。陶瓷制品应使用知名品牌的高档骨瓷餐具，骨粉含量应达到40%以上。器具颜色呈乳白色，瓷质细腻，质地轻巧、细密坚硬；表面光亮，釉面质感好，透光性强。呈现出与普通瓷器不一样的质感和亮度。

（3）餐具、水杯摆放在操作间保温消毒柜中；餐台整齐放置一定数量的餐具、水杯、玻璃杯，供餐器皿采取不锈钢制容器，具备恒温功能。

（4）餐台的设置要便于客人自行拿取食品、饮料，尺寸大小应能摆放本标准中提出的餐食种类数量为宜。

（5）餐台要有保鲜柜，保持饮料、果汁、啤酒等饮品的温度。配置纸巾机，提供常温湿纸巾。

其他设备参考：冰箱、开水壶、汤锅、粥锅、双炉餐锅等。有条件的航站，可在餐台处放置酒柜，专用放置红酒等。

（6）操作间配置参考饮水机、冰柜、开水器、消毒柜、冰箱、微波炉、制冰机、电热水

壶、毛巾机、电熨斗、双炉餐锅、电烤箱等。（以北京首都国际机场南航两舱休息室操作间设备为依据）

(7) 电烤箱使用标准

① 烘烤餐食

a. 参考使用方式：Steam

b. 参考温度：150℃

c. 操作参考时间见表6-9。

表6-9 烘烤餐食操作参考时间

种类	烘烤时间及要求
肉类	15～18分钟
青菜类	8分钟后取出或打开锡纸
汤、粥类	20～25分钟
主食类	15～18分钟
点心	12分钟

② 面包的烘烤

a. 参考使用方式：Dry heat

b. 参考温度：150℃

c. 操作参考时间见表6-10。

表6-10 面包的烘烤操作时间

种类	烘烤时间及要求
正餐面包（蒜蓉）	8分钟（打开锡纸）
正餐面包（除蒜蓉）	8分钟
早餐面包	5分钟

(8) 餐台餐具要保持完好、清洁，物品摆放要整洁、一致，如咖啡杯杯口朝下，呈方阵式摆放，把手方向一致。

(9) 餐台及操作间硬件标准见表6-11。

表6-11 贵宾休息室餐台操作间硬件标准

序号	名称	参考数量	参考标准	备注
1	餐具	能够满足休息室高峰期时的使用	可选择金属质地、陶瓷质地，尽量避免出现明显为塑料质地的制品	餐具包括上餐容器、用餐容器、进餐器具
2	保鲜柜	1台	—	餐台设备
3	开水壶	1台	—	餐台设备
4	湿巾机	1台	—	餐台设备

续表

序号	名称	参考数量	参考标准	备注
5	汤锅	1台	—	餐台设备
6	粥锅	1台	—	餐台设备
7	双炉餐具	1台	—	餐台设备
8	酒柜	1台	—	—
9	饮水机	1台	—	操作间设备
10	冰柜	1台	—	操作间设备
11	开水器	1台	—	操作间设备
12	消毒柜	1台	—	操作间设备
13	冰箱	1台	—	操作间设备
14	立式吹风机	1台	—	操作间设备
15	制冰机	1台	—	操作间设备
16	暖风机	1台	—	操作间设备
17	电热水壶	1台	—	操作间设备
18	毛巾机	1台	—	操作间设备
19	电熨斗	1台	—	操作间设备
20	双炉餐具	1台	—	操作间设备
21	电烤箱	1台	—	操作间设备
22	旅客就餐区	至少每名旅客1平方米		操作间设备

三、其他区域硬件标准

① 入口处行李存放区面积参考5平方米，可提供类似大型超市提供的行李寄存柜。

② 有条件的航站，可设置衣物存储间，为客人提供衣物寄存服务。建议摆放类似家乐福的行李寄存柜。

③ 按摩区域配置不少于2台电动按摩椅。

④ 儿童活动区面积不小于10平方米的内置益智玩具、儿童书籍、游乐设施。

⑤ 卫生间整体面积不小于15平方米，配备吹风机、纸巾盒、烘干机、擦鞋机，洗漱台上备有国际高端的清洁用品、香水、润肤露、梳子、鞋油、装饰花，用品拆开包装，呈现客人可使用状态。有条件的航站应在休息室内配备供轮椅旅客使用的卫生间，轮椅旅客卫生间不小于3平方米。轮椅旅客卫生间可搭配母婴服务设备。洗手间的卷纸、面巾纸、擦手纸、端口叠成三角形，光面朝外。

⑥ 休息室可选择设立吸烟室，面积不小于5平方米，配套空气更新设备，保证室内空气不外流，并在空置5分钟后，达到室外的空气清洁程度。吸烟室内环境要有专人负责维护，至

少每15分钟清洁一次。吸烟室要设有电子点烟器。

⑦ 其他区域硬件标准清单见表6-12。

表6-12 贵宾休息室其他区域硬件标准

序号	名称	参考数量	参考标准	备注
1	行李存放区	1个	5平方米	可选择行李寄存柜
2	衣物寄存间	1个	≥5平方米	可选
3	按摩椅	≥2个	—	独立按摩区域
4	儿童区	≥1个	面积≥15平方米	内置益智玩具、儿童书籍、游乐设施
5	洗手间	每个休息室1个	面积≥30平方米	配备吹风机、纸巾盒、烘干机、擦鞋机，洗漱台上备有国际高端的清洁用品
6	轮椅旅客卫生间	1个	面积≥3平方米	搭配母婴服务设备
7	吸烟室	≥1个	面积≥10平方米	配套空气更新设备，保证室内空气在空置5分钟后，达到室外的空气清洁程度。

阅读资料

全球最佳机场VIP休息室

1. 香港国际机场——国泰航空公司的寰宇堂The Wing

临近2号登机闸口的寰宇堂出自全球知名建筑师公司Foster+Partners之手，设置了意大利Poltrona Frau手工制作的"泰乐椅"。

乘客通过个人电子器材，可浏览超过2000份每日最新的电子报章杂志。凯旋吧提供多款世界顶级香槟，经典设施"浴泉居"以天然洞石和木材搭配设计，备有设施齐全的淋浴间、大型浴缸和私密休息室，设有专门的面条吧，多种款式可供选择如图6-10所示。

图6-10 寰宇堂

2. 伦敦希思罗国际机场5号航站楼

由知名设计大师戴维斯和柏伦联手设计，模仿精品小酒店风格，是最为奢华的贵宾休息室之一。整栋楼由6间贵宾室和一间英国专业水疗馆组成，并细致地分割为酒吧、酒廊、办公区、娱乐区、演艺区、儿童游乐区……

与英国知名护理品牌Elemis合作，设有Elemis水疗中心，提供免费按摩服务，为旅客提供量身定制的服务，如做指甲、做眉毛。设置有门房服务，协助旅客处理包括预订各类票务、代招出租车、更改航班等事务。这里又像一家艺术馆，1500多幅的艺术作品在此呈现，如图6-11所示。

图6-11 伦敦希思罗国际机场贵宾休息室

3. 多哈哈马德国际机场——卡塔尔航空Al Mourjan商务舱休息室

2014年8月，位于多哈的哈马德国际机场的Al Mourjan商务舱休息室正式启用，占地面积1万平方米的休息室也成了全球面积最大的贵宾休息室之一。

在休息室的旋梯下，有一片105平方米的巨大水池，休息室分别设置了私人的休息室、家庭休息室、游戏室和会议室等，确保相互不影响。其中游戏室内有多款娱乐器材，如桌上足球、游戏机等。与之相配的Al Safwa头等舱休息室如今已在建设中如图6-12所示。

图6-12 多哈哈马德国际机场贵宾休息室

4. 泰国曼谷素万那普机场——泰国航空皇家兰花贵宾室

皇家兰花贵宾室（图6-13）位于航站大厦D区3楼，面积仅有1400平方米，却拥有齐全的设施，最重要的是细致周到的服务，该贵宾室获得过无数奖项。

图6-13　泰国航空皇家兰花贵宾室

泰国航空"皇家风兰Spa馆"设有3间水疗套房、2间蒸汽房、2间桑拿房、4个淋浴间、6个肩颈和足部按摩椅，并配有按摩浴缸和热带雨疗设备，还有齐全的健身设施。专业的按摩师可提供最长60分钟的各种按摩服务。

5. 澳大利亚悉尼机场——新加坡航空银刃贵宾休息室

新加坡航空公司目前正在对全球贵宾休息室进行重新升级，逐步融入全新的设计概念，悉尼机场的贵宾休息室是最早亮相的。

以"将家的感觉融入旅途"为设计理念，处处展现出无微不至的贴心服务。被艺术品点缀的休息室也进行了细致的分区，分别是起居室、厨房、餐厅、休息区和工作角，每个空间都拥有温暖的家的氛围。同时还提供新加坡特色小吃叻沙米粉、星洲炒粉等，如图6-14所示。

图6-14　澳大利亚悉尼机场新加坡航空贵宾休息室

❓ 课后思考题

1. 航站楼应在什么位置设立独立高端旅客出港服务区?
2. 独立高端旅客出港服务区的休息区域应如何设置?
3. 简述未设立独立服务区域航站的柜台整体要求。
4. 简述机场贵宾厅休息区标准。
5. 机场贵宾厅旅客提供的报纸杂志种类要求有哪些?
6. 机场贵宾厅提供的正餐餐食标准有哪些?
7. 简述机场贵宾厅使用电烤箱烘烤餐食标准。

第七章

机场贵宾厅接待

学习目标

1. 熟悉贵宾厅服务基础规范,掌握贵宾厅各岗位服务规范及要求;
2. 掌握贵宾厅接待服务流程及其操作细节;
3. 了解并熟悉贵宾厅流动登机广播、登机(催客)广播、航班变化通知等广播服务。

贵宾厅安全、优雅、舒适的环境及良好的设施设备为贵宾接待提供了基础保障。优质的贵宾接待工作完成,还需要通过贵宾厅接待人员为客人办理相关手续、提供相应服务来实现。贵宾厅接待是机场贵宾服务的重要岗位之一,其岗位工作具有与客人直接接触、规程严谨、内容多样、工作复杂且效率要求高等特点,而且对贵宾协调服务、建账结账、客史建档等项工作产生重要的影响,是贵宾服务全过程的重要环节。贵宾厅接待工作的好坏,将直接影响机场贵宾业务的经营效益,以及客人对贵宾服务与管理的评价。本章将详细介绍贵宾厅各岗位服务规范及要求,贵宾厅接待服务流程及其操作细节,以及贵宾厅广播服务。

第一节
贵宾厅各岗位接待规范

一、贵宾厅服务的基础规范

① "三轻"服务。说话轻、动作轻、走路轻。巡视时需脚步轻缓,使用无声设备。对休息室内音量过大或行为不雅旅客进行必要的提醒或有效干预。

② "循环式不间断服务"。在不打扰要客的基础上,每15分钟巡视一次要客休息区域。

③ "零呼唤管理"。在服务过程中应善于观察旅客动态,预知客人需求。

④ 提前为要客预留好就座区域，以离入口最远、安静、舒适，隐私性相对较高的区域为首选。

⑤ 与要客进行较长时间沟通时，应采取半蹲姿势，确保要客有舒适的视线角度。为要客服务或沟通结束后，离开时应自然地后退两步再转身离开，以示尊重。

二、电梯及楼梯引导岗位规范

1. 动作要点

① 应采用标准站姿，三度微笑，行45度的鞠躬礼。

② 双手递送，并将休息卡等物品文字正方朝向客人。

③ 沟通时注意语调柔和，语速适中，配合客人，并正视客人。

④ 倾听时，暂停其他工作；目视客户，以眼神、笑容或点头来表示自己正在洗耳恭听，并适当加入一些"嗯""对"保持回应。

⑤ 与客人交谈时保持1～1.2米的礼貌距离。

⑥ 引导客人时注意五指并拢，掌心倾向客人，上臂与身体夹角45度左右。

⑦ 引导人员先入电梯，按住电梯后，再请客人进入。

⑧ 等电梯时，不要挡在电梯门口，以免妨碍电梯内的人出来。电梯门打开后，要等电梯里的所有人出来后，方可引导客人进入。当看到有人赶来时，用手挡住电梯门，防止关上，如图7-1所示。

(a)   (b)   (c)

图7-1　电梯引导动作规范

2. 行李提取要点

行李提取规范如图7-2所示。

图7-2　行李提取动作规范

① 微笑迎客，行15度鞠躬礼问好。
② 见到客人，主动征得客人同意后双手接行李。后退两步再转身放行李，轻拿轻放。
③ 以前为尊，以右为大，女士优先；三人同行，以中为尊，右边次之，左边为末。

3.电梯引导要点

① 引导者在客人的左前方45度，距离客人1～2步远。
② 行进的速度需与对方相协调，切勿我行我素，走得太快或太慢。
③ 五指并拢，掌心倾向客人，上臂与身体夹角呈45度左右。
④ 及时关照和提醒，要处处以对方为中心。

语言参考："李总（×先生/小姐），这边请""请您当心台阶，这边请"。忌讳说："跟我来"或"我带你去"等。

⑤ 等电梯时，不要挡在电梯门口，以免妨碍电梯内的人出来。电梯门打开后，要等电梯里的所有人出来后，方可引导客人进入。
⑥ 当看到有人赶来时，用手挡住电梯门，防止关上。如果没赶上电梯，切忌扒门，强行挤入；如果超载时，应自觉退出。
⑦ 如电梯无人控制时，应先入电梯，按住"开"，请同行者进入再按"关"。如电梯内有人控制时，可先请同行者先入内，然后再进入。
⑧ 尽量站在控制按键处以方便帮助客人按键。人多时应站成"U"字形，以方便每个人进出。

⑨ 站立时面向电梯门处，忌目光对视或相对而立，如有旁人应避免交谈。

4. 上、下楼梯时应注意事项

① 上、下楼梯时，均不准并排行走，而应自右侧而上，自左侧而下。这样有急事的人可以快速通过（图7-3）。

(a)　　　　　　　　　　　　　　　　(b)

图7-3　上、下楼梯动作规范

② 注意礼让服务对象，不要与人抢行，出于礼貌应请对方先行。

③ 当引导客人上楼梯或电梯时，应走在客人的后面。当引导客人下楼梯或电梯时，应走在客人的前面。

④ 减少在楼梯上的停留，避免在楼梯上与人交谈。

⑤ 进入旋转门时，若门仍在旋转时，则客人优先；若门是处于静止时，应先入以便为客人转动旋转门。

三、厅房、包间服务规范

1. 动作要点

动作要点如图7-4至图7-7所示。

图7-4 动作要点（一）

图7-5 动作要点（二）

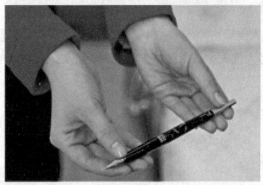

图7-6 动作要点（三）

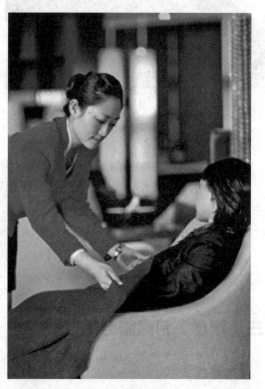

图7-7 动作要点（四）

① 主动招呼，点头示意。
② 双手递接正面或将杂志logo面向客人，递送时上身略向前倾。
③ 双手接取或递送，轻拿轻放，递送尖锐物品时，避免尖锐部分朝向对方。
④ 为客人盖毛毯在腰部以下。在为客人服务完毕后，应点头或后退两步再转身离开。

2. 包间引导动作要点

① 引导客人走入厅房时，接待人员用手指示，请客人坐下，看到客人坐下后，才能行点头礼后离开。如客人错坐下座，应请客人改坐上座（一般靠近门的一方为下座）。
② 客人进房后，针对接待对象按"三到"——"客到、茶到、毛巾到"的要求进行服务。

3. 奉茶礼仪

① 上茶时应注意不要使用有缺口或裂痕的茶杯。
② 打开茶杯盖时，应用右手将茶杯盖内面向上放在台面上，不可直接将茶杯盖扣在台面上。
③ 有茶杯把手的应手持茶杯把手，不可大把抓住杯体；没有茶杯把手的拿杯子下段（玻璃杯、纸杯）。
④ 茶不要太满，以七分满或八分满为宜；水温不宜太烫，以免客人不小心被烫伤。
⑤ 同时有两位以上的访客时，端出的茶色要均匀。
⑥ 上茶时应向在座的人说声"打扰了"，再以右手端茶，从客人的右方奉上，面带微笑，眼睛注视对方并说："这是您的茶，请慢用！"如图7-8所示。

图7-8　上茶动作规范

⑦ 奉茶有个"左下右上"的口诀，即右手在上扶住茶杯，左手在下托着杯底或底盘。这样，客户在接茶杯的时候也是左下右上。
⑧ 来客较多时，应从身份高的客人开始上茶，如明了身份的，则应从上席者开始，陪同者最后，然后再依职位高低端给自己公司的同仁。

第二节
贵宾厅接待流程

一、迎客

在要客到达前,服务员须提前了解要客所乘航班动态,掌握航班信息。客人到达时,服务员应起身迎送客人或来访者,行15度的鞠躬礼,点头示意;注意礼貌用语,双手递接物品,递送资料物品时应将文字正方朝向客人,如图7-9至图7-11所示。其标准用语如下。

"李总,您好!欢迎光临××航空公司××贵宾休息室!"

图7-9 迎客(一)

图7-10 迎客(二)

图7-11　迎客（三）

二、自我介绍

服务员应在恰当时间向客人做简单的自我介绍，并提供航班动态信息，预知要客登机需求。其标准用语如下。

"李总，您好！欢迎来到××明珠贵宾休息室。我是××服务人员×××，很高兴为您服务。您乘坐的航班目前是正点到达/还有×小时到达本场。您希望先登机还是最后登机？"

三、就座服务

1.热毛巾服务

将温热、松软的小毛巾卷成春卷形，整齐摆放在毛巾盘内，每次不可少于两条。在要客就座后，及时为客人送上热毛巾盘，放置于客人左手方向。送出时，用手握住毛巾盘边缘，注意手指不要触摸到毛巾。回收时，使用毛巾夹和另外的毛巾盘，如图7-12至图7-13所示。

图7-12　热毛巾

图7-13　热毛巾服务

2. 休息室介绍

在要客就座后，服务人员应主动向要客简要介绍休息室服务，其标准用语如下。

"李总，您好！我们休息室里提供各色小吃、饮料，您可以观看电视或阅读报纸、杂志；我们还有免费网络、按摩椅等服务；前面左转是贵宾淋浴间。如有其他问题，我们随时为您服务。"

3. 征询餐食

征询要客是否需要用餐，如要客表示需要，则继续征询用餐时间，提供餐食服务。标准用语如下：

"李总，您好！什么时候方便为您提供餐食服务呢？"

如要客表示不需要餐食服务，则为其介绍饮料服务。

四、饮料服务

1. 基础规范

① 服务员将要客所点的饮料放在托盘上，行走途中托盘的高度基本与自身的腰线平齐。

② 服务员须在要客右侧以半蹲方式把托盘放在茶几上（限小茶几），双手把饮料放在要客面前。避免从要客身后或头顶上方递送饮料，提供热饮时须提醒要客小心烫手。

③ 服务员送茶水或咖啡时，须使用托盘。茶或咖啡要以瓷杯八成满为标准。如是有柄的茶杯，须将杯柄放置在要客的右手方45度为宜。盒装或罐装需倒入杯中以七分满为标准。用请的手势请要客随意。

④ 上饮品时，要提醒要客注意，说："Excuse me"或"对不起，打扰一下"，服务结束后，离开时应自然地后退两步再转身离开，以示尊重。

⑤ 服务员必须及时为要客续加茶水或饮料，要客杯中茶水或饮料量不得少于一成。

⑥ 为要客续开水时，须右手持水壶，左手持叠成正方形的口布托底。服务时需先将茶杯盖拿起，里朝上，轻放于桌面。续水时壶嘴不得对着客人，并不能直接接触杯具。需要时要先将茶杯移出，加放开水以后，再将杯盖盖上，随手将滴落的水迹擦净。

⑦ 巡视续加饮料时，须手持盛有各种已开启的饮料托盘在室内向要客及随行人员征询意见。

⑧ 当要客不需要饮料时，必须将饮料杯收回，送上一杯茶水。

⑨ 客人离座或更换饮料品种时，须将不用的杯具及时收回。

2. 红茶服务

客人需要红茶时，可先询问客人是否需要加鲜牛奶或柠檬片。茶杯中加入热水后将红茶包放入。将茶匙放在茶杯后面，与杯把平行。

3. 奶茶服务

将糖包和茶伴侣放在茶杯前侧。

4.柠檬茶服务

将2片柠檬片加入茶中,将糖包放在茶杯前侧。

事先询问客人白糖需要数量,然后加入热水,将红茶包放入玻璃杯内,浸泡2～3分钟。加入所需白糖,进行搅拌。加入冰块,将搅拌棒放入玻璃杯内,柠檬茶则加入2～3片柠檬。

5.中国茶服务

绿茶:将适量(2～3茶匙/杯)茶叶放入瓷壶,注入80～85℃开水洗茶,冲泡,3分钟内将茶水倒入瓷杯至7成满,送出。

铁观音:将适量(2～3茶匙/杯)茶叶放入瓷壶,注入90～95℃开水洗茶,冲泡,3分钟内将茶水倒入瓷杯至7成满,送出。

普洱茶:将适量(2～3茶匙/杯)茶叶放入瓷壶,注入沸水洗茶,冲泡,3分钟内将茶水倒入瓷杯至7成满,送出。

注:中国茶服务时,要注意不同茶种的冲泡温度,茶杯中不能留有茶渣(盖碗茶除外)。

6.咖啡服务

为客人送咖啡时,须在咖啡杯下垫一咖啡碟,碟边放一小茶匙、糖包、牛奶。

热咖啡:将煮好的咖啡或速溶咖啡粉放入温热的咖啡杯内。

加入热水至杯7分满,搅拌均匀。

将咖啡匙放在咖啡杯后侧,与杯把平行,将糖包和伴侣放在咖啡杯前侧,用托盘托出。

为客人添加咖啡时,应将咖啡杯和杯托同时拿回。

冰咖啡:准备之前应询问客人糖和奶的需要量。

将煮好的咖啡或速溶咖啡粉加入咖啡杯内,加糖、加奶。

加入热水至1/2杯满并搅拌均匀。

加入冰块倒入杯中,附上搅拌棍。

五、酒水服务

① 白葡萄酒、果汁、啤酒、软饮料、矿泉水等应事先冰镇。

② 玻璃杯应洁净、干燥、无裂缝、无缺口。

③ 提供酒水服务时,应同时提供杯垫。

④ 加冰的酒水时应尽快送出。

⑤ 拿玻璃杯时,手握住玻璃杯下部,避免手指接触杯口。

⑥ 将酒慢慢倒入杯中,瓶颈不得搁放在酒杯上;倒完后旋转酒瓶避免滴漏,用酒布抹干瓶颈。

⑦ 红葡萄酒倒2/3杯满;白葡萄酒倒1/3杯满。

⑧ 葡萄酒服务时,携带酒布主动向客人展示葡萄酒的商标,介绍其名称、年份、产地,

请客人品尝后将酒加至杯的2/3。加酒时需用酒布将酒瓶颈部包起,主标签露在外面。更换另一品种的葡萄酒,需更换新酒杯。

六、餐食服务

1. 餐食服务程序

餐食服务程序见表7-1。

表7-1 餐食服务程序

中式早餐服务程序	1	餐谱服务	西式早餐服务程序	1	餐谱服务
	2	毛巾服务		2	毛巾服务
	3	餐前饮料服务		3	餐前饮料服务
	4	稀饭、热点服务		4	面包、牛奶、麦片、热食、水果服务
	5	毛巾服务		5	毛巾服务
	6	餐后冷、热饮服务		6	餐后冷、热饮服务
	7	清理餐桌服务		7	清理餐桌服务
中式正餐服务程序	1	餐谱服务	西式正餐服务程序	1	餐谱服务
	2	毛巾服务		2	毛巾服务
	3	餐前饮料服务		3	餐前饮料服务
	4	摆餐具、餐前小食服务		4	摆餐具、餐前小食服务
	5	点餐服务		5	面包服务
	6	汤类服务		6	西式汤类服务
	7	主餐服务		7	冷荤服务
	8	甜品、水果服务		8	主菜服务
	9	毛巾服务		9	餐中酒水服务
	10	餐后热饮服务		10	芝士、蛋糕、水果服务
	11	清理餐桌服务		11	毛巾服务
	—	—		12	热饮、甜点、餐后服务

2. 餐具摆放

在茶几上将桌布垫铺平,从右至左依次摆放筷子架、筷子、汤匙勺、餐前小吃碟、辣椒碟、榨菜碟等佐料供客人选用。饮料杯放在左上方。要求位置正确,动作优雅、柔和,如图7-14所示。

图7-14 餐具摆放

3. 餐食

① 汤料　汤料须事先加热并准备好，盛至7成满，用托盘送出，一次最多送两碗汤。

② 三明治　将三明治放在七寸盘内并提供干纸巾。

③ 杯面　先在杯碗中沏泡后，再倒入瓷碗，附上筷子，并提供辣椒酱、榨菜等佐料供客人选用。

④ 粥类　粥须事先加热并准备好，盛至7成满，用托盘送出，一次最多送两碗粥。

七、送客

根据预知的旅客登机需求，提醒要客登机时间。与旅客清点随身物品，以免遗漏。旅客离开休息区后30秒内清理座位及桌面卫生。其标准用语如下。

"李总，您好！您的航班可以登机了，请这边走！"

"李总，您好！您的随身行李一共×件，正确吗？"

第三节　贵宾厅广播服务

一、登机广播（流动）

1. 广播规范

登机广播时微笑面向贵宾大厅，对于广播期间前往前台的旅客要目光接触\点头示意，并伸手指引，让旅客稍等；同一航班的登机广播多且不超过3次，第一次为正常广播（近机位\远机位），第二次为催客广播，通播航班号和目的地，第三次为姓氏广播，通播未前往前台的旅客姓名；每次广播航班号、目的地需至少重复两遍、广播不可中断、不可使用个人语言、不可口头广播、不可随便出现"最后一位"等容易引起旅客投诉的字眼。如登机广播正在进行中，该航班旅客已前往前台，送机员不可潦草中断广播，必须向旅客微笑点头，示意旅客稍等，待广播结束后再与旅客确认信息。

2. 近机位登机广播

尊敬的各位旅客，早上/中午/下午/晚上好，很高兴通知您，您乘坐前往××的深圳航空公司与中国国际航空公司联合推出的代码共享航班ZH××××/CA××××（重复一次）现在开始登机了，该航班是近机位登机口，登机速度比较快，请您整理好您全部的随身行李前往前台，出示您的登机牌，由二楼×号登机口登机。感谢您的合作。深圳航空祝您旅途愉快！

Ladies and gentlemen, May I have your attention please. Shenzhen airlines and Air China city code share flight ZH****/CA****to **** is boarding now. Please take all your belongings and proceed to Gate *. Thanks for choosing Shenzhen Airlines. Wish you a good trip!

3. 远机位登机广播

尊敬的各位旅客，早上/中午/下午/晚上好，很高兴通知您，您乘坐前往××的深圳航空公司与中国国际航空公司联合推出的代码共享航班ZH××××/CA××××（重复一次）航班现在开始登机了，该航班是远机位登机口，请您整理好您全部的随身行李前往前台，出示您的登机牌，由尊鹏阁工作人员指引您到一楼乘坐VIP车进行登机，感谢您的合作。深圳航空祝您旅途愉快！

Ladies and gentlemen, May I have your attention please. Shenzhen airlines and Air China city code share flight ZH****/CA**** to **** is boarding now. Please take all your belongings and show your boarding pass. Our staff will guide you to the aircraft with a VIP car. Thanks for choosing Shenzhen Airlines. Wish you a good trip!

二、登机（催客）广播

1. 催客登机第一次

乘坐深圳航空公司与中国国际航空联合推出的代码共享航班ZH××××/CA××××前往××的旅客请注意（重复一次），您乘坐的航班已经通知登机，请还没有登机的旅客带齐您的行李尽快前往前台，出示您的登机牌。感谢您的合作！

2. 催客登机第二次（通报旅客姓名）

乘坐深圳航空公司与中国国际航空联合推出的代码共享航班ZH××××/CA××××前往××的×××旅客请注意（重复一次），您乘坐的航班即将登机结束，为了您的顺利出行请您带齐您的行李尽快前往前台，出示您的登机牌。感谢您的合作！

3.催客登机英文版

Ladies and gentlemen，May I have your attention please.Shenzhen airlines and Air China city code share flight ZH****/CA****to **** will take off soon.Please be quick to take all your belongings and go to board.This is the final call for boarding.Thank you!

三、航班变化通知

1.航班延误通知

乘坐深圳航空公司与中国国际航空联合推出的代码共享航班ZH××××/CA××××前往××的旅客请注意，我们抱歉地通知：您乘坐的航班由于（航空管制）的原因不能按时起飞，起飞时间预计推迟到××：××，请您在尊鹏阁休息等候通知，如有任何问题，请与厅内工作人员联系，谢谢！

Ladies and gentlemen，May I have your attention please.Shenzhen airlines and Air China city code share flight ZH****/CA**** to ×× is delayed to ×× due to bad weather/air control.If you have any questions，please contact with the staff in our lounge.Thank you!

2.航班取消通知

乘坐深圳航空公司与中国国际航空联合推出的代码共享航班ZH××××/CA××××前往××的旅客请注意，我们抱歉地通知：您乘坐的航班由于航空公司（天气）原因决定取消今天的飞行，请您拿好您的登机牌以及全部随身行李前往前台，尊鹏阁将安排工作人员指引您办理后续改签手续。由此给您带来的不便我们深表歉意，感谢您的谅解，谢谢！

Ladies and gentlemen，May I have your attention please.Shenzhen airlines and Air China city code share flight ZH****/CA****to ×× is canceled due to bad weather/air control.Please go to the service counter with all your belongings.Our staff will guide you for your changing boarding pass.

四、其他情况广播

1.旅客遗失物品通知

亲爱的旅客朋友，您好，欢迎您选乘深圳航空公司与中国国际航空公司联合推出的代码共享航班来到尊鹏阁候机休息。为了确保您的行李安全，请确认您随身行李是否齐全，如果有哪位旅客遗失了行李物品请及时与前台工作人员联系。谢谢！

Ladies and gentlemen，May I have your attention please.Thanks for choosing Shenzhen Airlines and Air China city code share flight.We would like to remind you to check your belongings.If you have something lost，please contact with the staff in our lounge.Thank you!

2.厅内满客提醒

亲爱的旅客朋友，您好，欢迎您来到尊鹏阁候机休息。由于航班正值高峰期，厅内的旅客较多，请您注意关注您的随身行李，以确保您的行李安全，共同营造一个舒适的候机环境，十分感谢您对我们工作的支持与配合，如果您有任何问题，请随时与厅内工作人员联系。谢谢！

Ladies and gentlemen, Welcome to King Lounge.Now it is the peak hour with so many guests in our lounge, so please take care of your belongings, to create a comfortable environment with us.Thanks for your support and cooperation.If you have any questions, please contact with the staff in our lounge, thank you！

3.车上广播

（1）广播原则

每一个航班都要求开展送机广播，该服务强调的是工作人员与旅客适时的主动交流，并不拘泥于形式，也不要求统一用语，接送机员可参考科室提供的广播词模板，按照旅客人数、航班情况以及个人服务特色进行个性化广播，但广播内容必须包括科室规定的要素；广播词要素：问好、欢迎词、自我介绍、机位介绍和对方站天气预报。

（2）广播规范

出港远机位航班的广播地点在VIP车上的靠车门位置，近机位航班的广播地点在送机途中；要求接送机员面带微笑，面向旅客（旅客较多时可侧向部分旅客），平视前方，保持目光与各旅客礼貌性接触，广播声音清晰，语气柔和，语速适中，切忌背向旅客、低头看交接单、面无表情、声音小语速快；进行送机广播，应选取合适的时机，建议在VIP车发车时或电梯门关闭时，承继上一服务环节的对客温馨提示开展，避免突然开口而造成尴尬和突兀；在VIP车上，接送机员选择站立在车门旁或坐于工作人员座位上进行广播，应保持规范的站姿和坐姿，并注意行车过程中的个人安全；开展广播前，尤其车上有旅客打电话或聊天的情况下，可采取环视旅客一圈或大方告知"各位旅客，抱歉打扰了"的方式吸引旅客的关注度，强化广播效果；广播完毕后关注旅客的反应并及时回应旅客的咨询，做到有问必答，热情大方。

4.出港送机

（日常版）各位旅客，早上/下午/晚上好！欢迎您乘坐深圳航空公司与中国国际航空公司联合推出的代码共享航班ZH××××/CA×××航班前往××，我是尊鹏阁工作人员×××，很高兴为您服务。现在我们正在前往深圳机场××机位，大概需要×至×分钟，请您在车上耐心等候，到达机位后，我将指引各位登机，尊鹏阁温馨提示您今天××的气温是××，请您注意添减衣物，保重身体。祝各位旅客旅途愉快！

（要客版）各位旅客，早上/下午/晚上好！欢迎您乘坐深圳航空公司与中国国际航空公司联合推出的代码共享航班ZH××××/CA×××航班前往××，我是尊鹏阁工作人员

×××，很高兴为您服务。现在我们正在前往××机位，大概需要×分钟，本次航班由深航××号（如波音737-800）飞机执行，空中飞行时间大约×个小时，××今天的气温是××，请您适时增添衣物，保重身体。祝您旅途愉快！

Ladies and gentlemen, May I have your attention please.Thank you for flying with Shenzhen airlines and Air China city code share flight ZH****/CA**** to **.I am***. It's my honor to guide you to the plane.Now we are going to the No.* *aircraft stand.It will take * minutes or so.Please be patient in your seat.I am quite willing to remind you that Clear day/sunny day/rainy day in ***today, about * degrees to * degrees Celsius.Wish you a nice trip.Thank you!

5.进港接机

各位旅客，感谢大家乘坐深圳航空公司与中国国际航空公司联合推出的代码共享航班 ZH××××/CA×××× 航班到达深圳，我是尊鹏阁工作人员×××，很高兴为您服务。请您检查一下您的随身行李是否带齐，我们正在前往（深圳机场B号楼国内到达厅），有托运行李的旅客请在到达厅3号、4号行李转盘高端行李提取处提取，尊鹏阁温馨提示您，今天深圳本地气温是××，请您注意增减衣物，欢迎您再次乘坐深圳航空公司的航班，再见！

Ladies and gentlemen, May I have your attention please.Thank you for flying with Shenzhen airlines and Air China city code share fligh ZH****/CA**** to Shenzhen.I am***.It's my honor to guide you to the Domestic arrival terminal B of Shenzhen International Airport.Please check your bags and pick up your luggage from premium luggage carousel NO.3 or 4.It's a Clear day/sunny day/rainy day in Shenzhen today, about * degrees to * degrees Celsius.Wish you a good time. Thank you!

6.暂定上客的紧急通知（增加）

乘坐深圳航空公司与中国国际航空公司联合推出的代码共享航班ZH××××/CA×××× 航班前往×× 的旅客请注意，我们抱歉地通知：您乘坐的航班暂时停止上客，尊鹏阁稍后将再次组织您登机，请您在座位上耐心等待，非常感谢您的理解与配合！

Ladies and gentlemen, May I have your attention please.We are deeply apologize that Shenzhen airlines and Air China city code share flight ZH****/CA**** is suspending boarding now. Our staff will arrange your boarding later.Please wait for a moment.Thank you for your cooperation and understanding!

模拟练习

工作任务：学生以5～8人为小组，在教室内模拟机场贵宾厅广播服务。

任务要求：广播用语必须准确、规范，采用统一的专业术语，语句通顺易懂，避免发生混淆；广播用语以汉语和英语为主，同一内容应使用汉语普通话和英语对应播音。

? 课后思考题

1. 简述贵宾厅服务基础规范。
2. 简述贵宾厅电梯引导要点。
3. 简述贵宾厅奉茶礼仪。
4. 简述贵宾厅接待流程。
5. 贵宾厅广播服务分为哪几类？

第八章

贵宾客舱服务接待

学习目标

1. 熟悉国内外航空公司头等舱、商务舱总体环境，以及两舱服务设施和用品；
2. 掌握两舱贵宾服务工作流程；
3. 熟悉并掌握两舱供餐程序。

当前，世界各大航空公司为了争取留住更多高端客源，不遗余力地投入巨资，改造头等舱环境，纷纷拿出自己的绝活，为高端旅客营造更舒适、更优雅的环境，更尊贵、私密、独享的私人空间。从地面高效的服务准备到机上为乘客精心设计的服务计划，追求每一个细节做到尽善尽美，已成为全球航空公司在头等舱航班上的竞争手段。

第一节 两舱环境介绍

国内外航空客机一般分为头等舱和经济舱。头等舱是大多数民航客机里最豪华的等级舱位，通常设置在飞机的前部。由于其价格相对经济舱昂贵，一般由一些公务人士或商务人士来选择乘坐。头等舱的座位宽敞，旅客可以在座位之间的桌子上打牌或者处理文件。头等舱的鸡尾酒是免费的，食品更加精美，还可以供应香槟。每位乘务员只照顾10～15位旅客，所以旅客的每项要求都能立即得到满足。图8-1中为头等舱座椅。

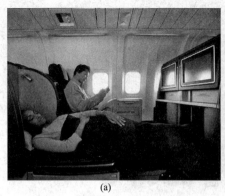

(a)　　　　　　　　　　　　　(b)

图8-1　头等舱座椅

一、国外航空公司两舱环境

与经济舱和商务舱相比，头等舱内的座椅、饮食、通信、娱乐以及所提供的服务都是最上乘的。通过专用通道登入机舱，头等舱的贵宾们享受的不仅仅是一张普通座椅，而是可以轻松调节姿态的柔软睡椅。饮食往往是根据不同乘客的口味要求提前24小时特别定制的盛餐，长途旅行中还会提供各种小点心。酒和饮料也是精心挑选的，包括香槟、葡萄酒、威士忌。咖啡和茶也是在飞行过程中由专人烹制的。如果在飞行中尚有未处理完的紧急工作，你完全可以打开笔记本电脑在足够宽敞的工作台上继续工作，舱内已经为每位乘客配备了笔记本电脑专用的充电插座。当然，头等舱的影视娱乐设施也相当齐全，除了可以点播观看最新推出的影片外，还可以欣赏音乐、玩游戏，甚至在空中就能洞察世界各地正在发生的时事新闻。高素质的空乘人员将以微笑为每位乘客提供最周到、体贴的服务。

1. 泰国航空

以"如丝般温柔"的服务著称，皇家头等舱更是因其定位于社会精英阶层而倍显尊贵。舱内以蓝色为主色调，整体风格显得豪华而沉稳。身着华丽泰国丝制服装的乘务员笑容可掬地为头等舱贵宾们提供频繁的服务，既周到又不会让乘客感到厌烦。所有头等舱的乘务员都是为皇家头等舱特别培训的。

与其说皇家头等舱是一个机舱，不如说它是一个空中俱乐部。在俱乐部里可以享用佩里尼翁香槟、陈年的烈酒和种类繁多的葡萄酒。另外，乘客还可以品尝到由泰国大厨亲手烹制的地道泰国菜。一些适应国际人士口味的各国风味佳肴也被请进了皇家头等舱，包括澳洲龙虾以及产自世界各地的时令瓜果。

在长途旅行中，泰国航空除了提供舒适的床铺以外，还提供各种娱乐项目，包括看电影、听音乐，也可以选择阅读来自世界各地的报纸杂志。

2. 英国维珍航空

2003年夏天，英国维珍航空在所有航线中投资5000万英镑推出了革命性的头等舱新产品——"贵族套房"。它们被安装在所有波音747-400和空中客车 A 340-600上。既然被称为"贵族套房",其内部的豪华装修和先进的设施是可以想象的。超大的"套房"空间让乘客可以有充分的舒适自由的感觉。和其他头等舱内折叠椅不同,"套房"内的座椅是为乘客提供扶手的豪华皮椅,宽度达0.83米,并且可以弹出长度为两米的单独的床铺,是当今世界上最宽敞的空中平板床。乘务员为座椅配上独立的豪华席梦思,乘客可以在空中进入梦乡。维珍航空特地为这一设计申请了专利。

如果有些乘客不是单独旅行,"套房"内的加座便发挥作用了,两位同伴可以在同一"套房"内进餐,或者开会。边享受美味佳肴,边洽谈生意。享用完美食,还可以和朋友在专用的私人酒吧里小酌两杯。如果这些未令乘客满意,还可以在机舱内特设的私人护理区享受由空中美容师提供的私人按摩和美容护理服务。当然,对不愿意远离座位的乘客,美容师也可以上门服务。

得到如此顶级的空中享受的代价是相对便宜的,一张从伦敦到纽约的往返票仅为4631英镑,仅相当于其他航空公司的3/5,每次往返航程还能享受4次豪华轿车的接送。

3. 英国航空

英国航空公司的头等舱由英国室内装修界首席设计师霍本设计。设计以冷静、简洁并富有革新而著称,能将奢华绮丽和简单朴实这两种感觉同时表现出来。设计的主要思路是模仿劳斯莱斯的内部风格和品质,使用最好的构造和材质——康那利皮革、胡桃木效果、开司米风格和天鹅绒纺织品。色调的搭配则是以蓝色、灰褐色和深红色为主,从而营造出一种平衡、和谐和轻松的氛围,这恰恰是旅行者所需要的最佳环境,图8-2为英国航空头等舱。

(a)

(b)

图8-2　英国航空头等舱

有些短途通宵航班还专门提供飞前进餐服务,以便让旅客在飞行中保证充足或相对较长的睡眠时间。

4. 德国汉莎航空

宽敞的座位、丰盛的美食和无穷的娱乐,是汉莎航空头等舱的特色。头等舱内每张皮制座椅间距达到2.29米,乘客可以充分享受自由空间。皮椅还可以根据自己的需要调节椅子的折叠幅度,当平铺至180度时,便成为一张将近两米的舒适床铺。考虑长途旅客对睡眠的需要,头等舱的乘客可以自己安排在机上的时间而不受固定服务时间的打扰。

乘客可以自行定制个人菜谱，这样，根据不同乘客的需求，乘务员会在约定的时间为不同的乘客送上合乎个人口味的可口美食。头等舱内的全部食谱每两个月更换一次，并且由知名的"星级厨师"亲自设计制作。来自不同民族的乘客可以根据本民族的饮食习惯定制空中饮食。航空公司特别注重提供便于消化的空中健康饮食，特制食谱中的食物全都含有丰富的维生素和矿物质，并且充分保证碳水化合物、蛋白质和脂肪含量的平衡。此外，头等舱的乘客还可以享受特制的印度药草茶。

汉莎航空的头等舱提供的酒也相当讲究，包括德国最负盛名的2001年雷斯葡萄酒、法国梅铎克葡萄酒，还有最新推出的配合甜点和奶酪饮用的德国半甜酒。

5. 日本航空

日本航空的"新空中卧铺"头等舱坐席至今仍然受到好评。这款卧铺皮制坐席由世界顶级沙发设计生产商劳尔门公司设计，由于设计充分考虑人体因素，入座即感到身心愉悦。最独特之处是座椅内嵌式的按摩装置。为了减缓旅客长途飞行中的腰部疲劳，座椅在靠背内镶嵌了两只可蠕动的气囊，每隔10秒钟气囊帮助旅客的腰部做一次运动。即使再长的旅途，乘客也丝毫不用担心会因为肌肉麻木而无精打采。不仅如此，为了使乘客能有更加宽松的空间，日本航空特地将头等舱的座位从12个减少为11个，每位头等舱的乘客都会得到更加宽敞的私人空间。

日本航空头等舱的空中服务细致入微，除了提供必备的药物用品器材外，乘客还可使用头等舱的竹制按摩工具帮助按摩脚底。为了防止乘客在空中时喉咙和鼻腔干燥，机上还提供特制的蜂窝口罩。即便是最细节的东西，日本航空的头等舱也为乘客考虑了，如文具、明信片乃至针线。

6. 新加坡航空

新加坡航空的设施与服务一直得到广泛赞誉，它的头等舱也不负盛名。舱内共设有12间"空中套房"，其中8间为单人间、4间为双人间。舱内以褐色和米色为主色调设计，显得高贵典雅。可折叠的椅子只需轻松操作按钮，就可以调节弯曲度，使身体达到最舒适的状态。在7小时以上的长途飞行中，乘客可以享受世界级宾馆待遇的"夜床服务"，图8-3为新加坡航空头等舱。

(a) (b)

图8-3　新加坡航空头等舱

乘务员会帮助乘客将椅子调节为长度达到1.93米，宽0.58米的舒适床铺，并且提供柔软的羽绒被和纪梵希（Givenchy）设计的品牌睡衣。

希望在空中娱乐的乘客可以去空中娱乐系统"银刃世界"（Kris World）。有大约200种娱乐项目供乘客选择，包括25部电影、50部短片、50张以上的CD音乐片、30种任天堂游戏、12种PC电动玩具、美国有线新闻网（CNN）即时信息等。此外，"银刃世界"的影音随选功能（AVOD）也是世界首创，每位乘客都可以根据个人爱好，选择各种音影节目、编播CD音乐播放顺序等。

机上饮食一般是在飞机出发前24小时内根据乘客要求特别定制的，而且大多数食物都可以在头等舱的厨房内即时制作完成。

7. 瑞士航空

瑞士航空头等舱的感觉与听到瑞士这个国家名字一样让人感觉愉快。瑞士航空两舱采用与奥地利航空同款的Thompson Aero的Vantage Seat，根据奇偶数排有2-2-1和1-2-1两种座位排列方式。座位设计简约时尚，而且配备了先进的气垫软硬调节装置，得奖无数。

瑞士航空的饮食理念是，登上飞机就能感受到瑞士的特色风味。在一年中不同的季节乘坐瑞士航空，均能享受到不同季节的地区风味：有春季的提契诺佳肴、夏季的图尔高风味、秋季瑞士法语区的盛餐以及冬季楚格的美食。

瑞士航空的商务舱洗漱包采用瑞士本土品牌QWSTION，设计很简单，内容也没太多花哨。瑞士航空的远程头等舱最大的两个亮点：一是服务水平很高，乘务人员绝对是身经百战、言行得当；二是航空公司在很多地方很舍得花钱，从护肤品到巧克力都绝对是市面上最贵最好的。

8. 法国航空

法国餐饮闻名于世，乘坐法国航空的头等舱，可在空中享受法国大厨精心准备的法国大餐。早餐有新鲜果汁、咖啡、茶、热巧克力、炒蛋煎饼、熏鸡、新鲜面包等十多个品种可供选择，并且可随时享用；晚餐包括两道开胃菜、四道热菜、各种奶酪和甜点；另外，还有自助小食，如亚洲面条、干果鲜果篮，等等。

头等舱的酒水是由世界顶级调酒师精选的，每三个月更新一次，包括各种饮料、开胃酒、烈酒、矿泉水和茶。两个酒吧和自助餐吧对头等舱的客人全程开放。

舱内设施相当完备，配备有最新的个人高科技通信设备和娱乐系统，如卫星电话、视听系统、降噪高保真耳机等。同时头等舱宽大的座位可调节为真正的床并带有真正舒适的床垫。

9. 香港国泰航空

国泰航空头等舱格外注重提供给乘客周到体贴的体验。头等舱内所有豪华座位都设有屏风，让乘客尽享私人空间，图8-4为香港国泰航空头等舱。

餐膳是国泰航空头等舱的特色之一。全新餐膳服务注重个人选择，乘客可在精心安排的餐谱内选择任何喜爱的食物及制订用餐时间。其定期推出的特色推广，如"国泰中华美食篇"

(a)   (b)

图8-4　香港国泰航空头等舱

及煲仔饭等均受香港及世界各地乘客欢迎。国泰航空是最先在头等舱厨房内设置电饭煲和多士炉的航空公司之一。乘客可以享受即点即制食品，包括新鲜的白饭、粥、蛋及面包。自助餐桌让乘务员款待餐膳更具弹性，所有航班均提供新鲜烹煮的意大利白咖啡及黑咖啡。

光有美食还不足以体现细致周到，国泰航空所选用的餐具、洁具是另一特色。他们选用的瓷器、银器、水晶、麻制餐巾及精美礼品包，皆是搜罗自世界著名的生产商，包括日本的有田（Noritake）瓷器，由瑞典迪斯特ACS（Dester ACS）设计的银器及不锈钢餐具，德国的肖特牌（Schott Zwiesel）水晶，爱尔兰李德牌（Ewart Liddell）麻质餐巾用品。

二、国内航空公司两舱环境

头等舱的旅客可以享受多种礼遇，但国内市场上头等舱的销售情况相较国际市场而言，则较为冷清，之所以出现这种情况，一方面是由于目前国内航线航程较短，头等舱的很多设备及服务不能体现出相应的优势；另一方面原因则是目前的航空消费市场还未成熟，航空公司虽然对产品、服务进行了细分与升级，但目前国内的航空旅客的分级消费观念还需要慢慢培养。

1. 中国国际航空公司两舱环境

中国国际航空公司为了提高两舱服务品质，于2005年起先后投入6.88亿元改造了15架远程宽体客机，将客舱设施标准提升到国际一流水平，并精心设计了全流程服务，结合中国古代宫廷文化中的精髓，打造出全新的紫金头等舱、紫宸商务舱品牌。目前，国航陆续在北京—纽约（CA981/2）、北京—洛杉矶（CA983/4）、北京—法兰克福（CA931/2、CA965/6）、上海—法兰克福（CA93 5/6）等13条航线推出了豪华头等舱、豪华商务舱专享服务。全新的品牌服务使来往于中国与欧美国家之间的乘客可在万米高空中感受到前所未有的舒适与惬意，在经过长途飞行后仍然可以以饱满的精神投入到工作与生活中。

（1）头等舱和商务舱设施

豪华头等舱的座椅是一个由隔板环绕而成的私密的、舒适的独立包厢。座椅集办公、交流、娱乐、休息于一体，具备平躺、斜靠、起飞三个档位。座椅可展开呈180度，成为一张长190厘米、宽70厘米的完全平放的空中睡床。豪华商务舱座椅仰角最大可达170度，座椅长

190厘米，宽54厘米。在豪华头等舱、商务舱的舱内配有多制式电源插座，方便手提电脑的使用；并安装有动态灯光系统，又可称为梦幻灯光，可根据乘客需要对灯光的颜色、亮度等进行调节，变化出日出、日落、夜晚、黎明等多种色彩不同的场景；还装备了先进的具有数码音频、视频点播功能的娱乐系统，每位乘客的座椅前有一个10.4英寸的液晶显示屏，并有定期更新的60部DVD影片、98盘CD音乐及多种电子游戏供乘客选择。图8-5为中国国际航空头等舱。

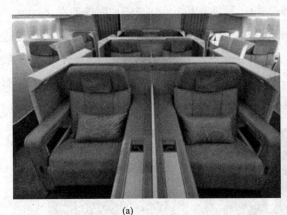 

(a) (b)

图8-5　中国国际航空头等舱

（2）服务项目

① 免费豪华房车接送服务

免费享受北京首都国际机场/上海浦东、虹桥机场与市区间的豪华商务车接送服务。

② 免费豪华中转酒店服务

凡购买国航北京或上海中转联程的豪华头等舱旅客可免费享受五星级中转酒店服务，豪华商务舱乘客可免费享受中转四星级酒店服务。

③ 机场全程引导服务

在北京首都国际机场/上海浦东、虹桥机场完成登机手续后，国航会安排专人引导旅客通过联检通道；乘客办理完联检手续后，工作人员引导乘客到休息室候机。

如乘客乘坐航班到达北京首都国际机场/上海浦东、虹桥机场国航将安排专人于登机闸口或摆渡车入口处举牌迎接，引导乘客通过联检通道；乘客办理完联检手续后，将乘客送至豪华车接送指定地点。

④ 电动车服务

当航班开始登机时，乘客在工作人员的引导下可乘坐电动车到登机闸口登机。

⑤ 精致菜肴、点菜服务

在北京始发航班上配有18种精选佳肴，包括全聚德烤鸭、甜羹、烤麸、盖浇饭等特色中餐，还备有鱼子酱、哈根达斯雪糕、各种芝士和蛋糕等供旅客选择，更在北京—纽约（CA981/2）、北京—法兰克福（CA931/2，CA965/6）等航线提供点菜服务。

2. 中国南方航空

国内窄体客机多为两舱布局,普通头等舱(F/P舱)实际是公务舱(C/D舱)。南航开始迅猛扩张,新采购的大型宽体机基本采用三舱布局,飞国内航线时公务舱当头等舱卖,真正的头等舱就成了所谓的"豪华头等舱"。当前,因"豪华"与"奢侈"成为众矢之,这些顶级舱位也就改叫"明珠舱"了。

目前,南航机队里设A舱的有A332、A333、A380、波音787和波音77W,其中,单体造价300万的A380"铂金包厢"堪称国内顶级头等舱,紧随其后的就是787"明珠舱"。

自2007年引进A333开始,南航就与Contour座椅公司合作,陆续对旗舰机型的头等舱进行升级。波音787上这个Mini Suite无论功能、设计还是成本,都与A333大同小异,与日本航空初代"JAL Suite"和大韩"Kosmo Suites"是近亲。无论如何,说南航787"明珠舱"拥有双发客机里一流的硬件,应当无人反对。图8-6为南航波音787"明珠舱"。

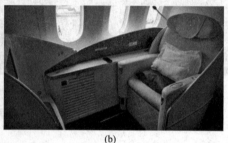

(a)　　　　　　　　　　　　(b)

图8-6　南航波音787"明珠舱"

衡量头等舱品质,首先看舱位空间与座椅承托性。787明珠舱位于1号门与2号门之间,采用和A333相同的"1-2-1"布局。尽管保留了行李架,依然足够宽敞。由于舍弃了菖蒲纹,整个舱壁在视觉上更清爽。百万元一张的Full Flat按摩座椅宽约70厘米,比经济舱"老虎凳"多出近半空间,放平后就是2米长的单人床(瑕疵是两侧的扶手无法降下)。

每个"明珠舱"座椅配备了国内最大的折叠桌板、110伏电源、USB接口和卫星电话一应俱全。机载娱乐系统则是国内高端机型常用的泰雷兹TopSeries(南航A380用的是松下eX2)。理论上说,压力高度与湿度改善也使波音787成了最适合乘客的机型,因为此时味蕾敏感度更贴近地面。

另外,在头等舱餐食方面,南航还提供了引以为豪的空中酒窖与空中茶苑特色服务。餐具方面,南航用的骨瓷早就从唐山红玫瑰换成潮州潮安中金了,质量虽好,终究没有Wedgewood和Royal Doulton讨喜(参照Skytrax标准,头等舱餐具应采用国际知名品牌)。如图8-7、图8-8所示。

3. 海南航空

头等舱空间都一样,但舒适的头等舱各有不同。海南航空(以下简称"海航")的头等舱也力求呈现悠闲以及赏心悦目的氛围。据介绍,海航特设的"头等舱旅行小管家"可为旅客提供纸、笔、梳子等便利物品,帮助旅客打理旅程中的小细节。

图8-7　南航头等舱当日菜单　　　　　　　图8-8　南航头等舱冷盘与汤

海航"787-9"采用的是两舱式布局,头等舱是"2-2-2"布局,十分宽敞。整体色调、座椅和抱枕等装饰色的搭配,都与海航红+黄的logo相呼应。头等舱的每个座位都配备了15英寸的个人娱乐电视;座椅的角度也可调整至180度平躺。Dream Liner 787-9的舷窗要比同级别舷窗大近65%,窗户的位置也更高;行李舱也是所有民用机型中空间最大的;彩色的动态LED照明,能够模拟全天不同时间的自然光,特别有助于睡眠,图8-9为海航波音787-9头等舱。

海航在餐食上同样精挑细琢,国内航线中餐"唱主角",西餐"跑龙套",中西合璧,浓淡相宜。如果旅客吃不惯西方的汉堡,海航头等舱还可为旅客配备具有中国传统特色的中式餐食,在海航"空中餐馆"里挑选您最爱吃的美食。海航头等舱的早餐有包子、花卷、馒头、油条、肉夹馍、老婆饼、南瓜饼、水晶包、面条、海南腌粉、咸鸭蛋、小咸菜等。让旅客在赶早班机时也像在家里一样吃到新鲜可口的饭菜。如果中午或晚上不想吃油腻的东西,海航在不同航线上还配备一些特色菜肴,如文昌鸡、椰香鱼片、干果鸡丁、卤水鸡、椰子饭、扬州炒饭等。海口—北京头等舱旅客还可以提前预订餐食。如图8-10所示为海航波音787-9头等舱菜单。

(a)　　　　　　　　　　　　　　(b)

图8-9　海航波音787-9头等舱

(a)　　　　　　　　　　　　　　(b)

图8-10　海航波音787-9头等舱菜单

三、两舱服务设施及用品

1.座椅

对许多人来说,搭乘头等舱最大的好处就是座椅宽大舒适,有足够的活动空间。特别是远程的航线更凸显它的优势,头等舱座椅椅背通常有50～80英寸(1英寸≈2.54厘米)的前后移动空间,有些航空公司(如中国南方航空、阿联酋国际航空和新加坡航空)可提供私人套房。个人套房多半出现在A380的班机上。由于航空公司以及飞机型号的不同,头等舱座椅共有四种,具体如下。

(1)标准座椅(standard seats) 椅背倾斜角度有限,但腿部空间仍相当大,依然非常舒适。

(2)平躺座椅(lie flat seats) 广告上声称可以倾斜至180度平角(或将近180度),但实际上倾斜的角度过大,乘客不易入睡。座椅相当舒适,所以许多中远程的乘客喜好此种座椅。

(3)床式座椅(flat bed seats) 能倾斜至180度平角,也附有小床单,当床或座椅都相当舒适。于1996年由英国航空的座椅制造商Contour Premium Aircraft Seating设计。

(4)迷你套房(mini-suite) 附有床、工作台以及电视等多功能设施。现在越来越多的航空公司开始提供这样的座椅。

① 每个头等舱套房都拥有情景照明设备、行李放置空间和个人衣橱。座椅可放置为180度平躺床,并配有柔软的床垫。而在A380的豪华套房中,睡床甚至是单独设计而非由座椅展开。

② 头等舱座椅能转换成一张2米长的睡床,甚至还具有腰部按摩功能。机上娱乐系统强大,从游戏到最新的国内外电影无一不齐备。套房内都安装有23英寸的液晶宽屏电视。

阅读资料

南航A380头等舱座椅介绍

南方航空公司共订购了5架A380飞机,首架已将于2011年8月交付使用。南航A380总载客量为506人,其中头等舱8个,公务舱70个,经济舱428个。公务舱位于上舱,头等舱位于主舱前部。头等舱座椅采用包厢式180度平躺座椅。该座椅是南航投入巨资与座椅厂家(Contour)共同研制的,代表了目前世界上主流航空公司头等舱的最高水平,每个座椅造价300万元人民币。对开的两扇门可以将包厢完全封闭起来,提供了足够的私密空间,座椅内部包括电控座椅、物品陈列台、娱乐系统三部分。包厢长度2.15米,每个座椅所占用的空间相当于6个经济舱座椅;座椅平躺时床的长度为2.05米,床的最宽处(肩部)有82厘米,坐垫本身宽度也有72厘米。娱乐系统是基于电视和计算机控制的综合网络,支持视频、音频点播功能,旅客可通过电视控制器在23英寸的高清液晶电视上选择喜爱的电影、电视、音乐、文字和飞行地图等内容播放。座椅配有笔记本电脑电源、静噪耳机、卫星电话（集成在电视控制器上）等设备；南航A380头等舱还配有豪华吧台、宽敞的洗手间（比普通洗手间宽36厘米），以及带密码锁的私人存储空间。机舱设有情境灯光，为旅客提供极其温馨、舒适的乘机环境。

座椅各操作按钮及功能介绍（图8-11）。

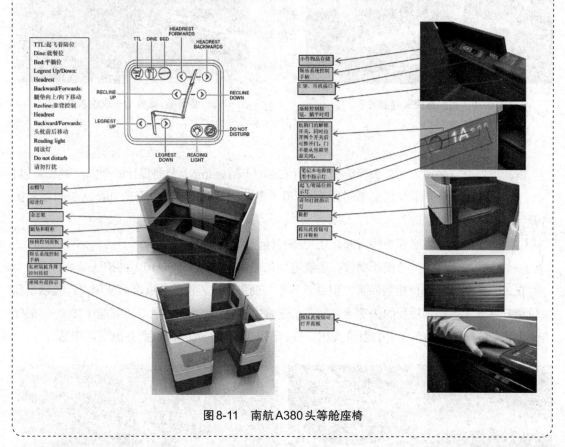

图8-11　南航A380头等舱座椅

2. 用品

① 专用的头等座舱，独立的空间（商务舱及经济舱的乘客不可随意进入）。

② 可转换成平躺床的座椅。

③ 提供羽毛被及睡衣（图8-12）。

④ 高质量一次性拖鞋（图8-13）。

⑤ 专属配置空中乘务员。

⑥ 专用的头等舱盥洗室。

⑦ 提供丰富多彩的机内娱乐项目。

⑧ 充分享受各种特级酒类及非酒精的饮料。

⑨ 使用精致玻璃、瓷器、不锈钢器皿盛装。

⑩ 提供优质的餐品、酒类、甜点以及开胃酒。

⑪ 供餐时桌面铺有航空标示专属的桌布和餐巾。

图8-12　国泰航空头等舱睡衣

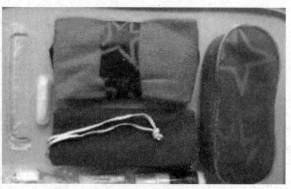
图8-13　头等舱/商务舱一次性鞋袋

3. 洗漱用具

以新加坡航空公司为例，头等舱提供菲拉格慕（Ferragamo）公司设计的个人洗漱套装包。

（1）男士用品包括菲拉格慕系列In canto男士香水、最新托斯卡纳阳光Tuscan Soul系列护唇膏、护手霜、新航刮胡刀与须后水。

（2）女士用品除香水和护唇膏外，还提供身体及手部护肤霜。

（3）头等舱乘客可随意使用摆放在盥洗室内的来自宝格丽（Bvlgari）的护肤品。

在过去，头等舱票价相当昂贵，但是近年来，商务舱或经济舱的乘客可使用飞行奖励里程或付费升等至头等舱。远程的头等舱来回票价通常都超过11000美元，与商务舱（2000～6000美元）和经济舱（1000美元）的票价大相径庭。图8-14所示为头等舱/商务舱服务用品。

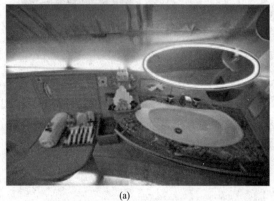
(a)

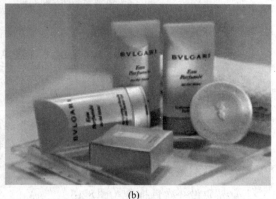
(b)

图8-14　头等舱/商务舱服务用品

4. 地面服务

头等舱客人只要到达机场，就有专门的工作人员帮助搬运行李，办理值机手续，陪伴旅客完成每一道程序直到最后登机。登机及到达时均有专车等候。航空公司会提供全套精心设计的个性化服务。

第二节
两舱服务工作流程

从我国民航业发展至今,航空公司客舱服务始终按照服务工作四个阶段开展,它是我们完成客舱服务工作的重要保证,做好服务工作的依据,两舱贵宾服务工作也不例外。它在每个阶段都有很具体的内容和要求,需要认真学习和掌握。

一、航前准备阶段

1. 个人准备工作

① 乘务员进行网上准备,了解相关信息(包括航班号、起飞时间、飞机号、机长、乘务长名称、配餐情况、航线知识、应急处置预案等),如图8-15所示。

② 携带好个人证件,包括登机证、健康证、乘务员训练合格证,如图8-16所示。

图8-15　乘务员网上签到

图8-16　乘务员的证件

③ 准备好个人物品,包括广播词、手电筒、围裙、针线包、一块走时准确的手表、一双长筒丝袜,带好工作箱。

④ 根据安全条例规定,佩戴隐形眼镜的乘务员,书包内需备好一副眼镜。

⑤ 整理好个人仪表着装。

⑥ 国内航线提前两个小时到派遣科刷卡签到,进入准备室开会。

2. 航前准备会

航前准备会如图8-17所示。

(a)

(b)

图 8-17　乘务员航前准备会

① 飞机起飞前两小时刷卡签到。
② 带班乘务长检查全体乘务组人员的着装仪表。
③ 根据所执行的航班任务、机型进行合理的分工。
④ 讲解服务计划、旅客特点。
⑤ 制订空防预案，复习应急处置程序。
⑥ 根据航线特点进行针对性提问。

3. 乘车进入候机楼

① 到达候机楼自然列队行走，不要说笑。
② 使用步行梯时自觉站立在右侧，将左侧快速通道让开。
③ 在候机楼等候飞机时，衣箱摆放整齐，乘务员集中就座。
④ 注意自己的仪态，不可跷起二郎腿、吃东西、高声喧哗、打闹、接打手机等。

乘务员行走、待机仪态分别如图 8-18、图 8-19 所示。

图 8-18　乘务员候机楼行走仪态

图 8-19　乘务员候机楼待机仪态

二、直接准备阶段

（1）检查应急设备齐全、处于有效期之内。
（2）检查卫生间卫生、用品齐全，检查客舱卫生，摆放书报杂志。
（3）清点餐食及供应品数量报告乘务长。
（4）检查固定厨房设备。
（5）清舱。
（6）乘客登机。
（7）与乘客确认应急窗口，引导乘客入座。
（8）操作分离器（滑梯预位，互检报告机长）。
（9）欢迎词广播。
（10）乘务组自我介绍。
（11）安全演示。
（12）安全检查。

① 客舱；安排行李，关闭行李厢，打开遮光板，调直座椅靠背，系好安全带，收起小桌板，应急出口无行李。

② 厨房：关闭厨房电源、固定好设备、门帘收起扣好、关闭卫生间马桶盖。

乘务员回到自己的座位上等待飞机起飞，如图8-20、图8-21所示。

图8-20　安全检查—收起门帘扣好

图8-21　安全检查客舱设备

三、空中实施阶段

① 细微服务（递送毛毯、巡视客舱、送报纸、送杂志、支摇篮等）。
② 开餐广播。
③ 餐前饮料—送餐—餐中水—统一收餐盘。

④ 下降广播，致意。
⑤ 安全检查（厨房、客舱、卫生间）。
⑥ 填写交接单，回收供应品。
⑦ 操作分离器（解除滑梯预位、互检、报告机长）。
⑧ 送客。
⑨ 清舱。

四、航后讲评阶段

① 由带班乘务长组织讲评，对本次航班服务工作中所发生的问题进行分析及特殊情况的处理结果。
② 找出问题，提出整改措施，表扬好的，批评不足。

第三节
两舱供餐程序

　　航空公司为满足高端旅客的需求，正在着力让每一位客户享受到体贴入微的服务，并提供个性化的服务，乘客在预订机票时就可以提前预订自己喜欢的可口菜肴。例如，国航在北京始发的航班共有18种精选佳肴，包括全聚德烤鸭、甜羹、烤麸、盖浇饭等特色中餐，还备有鱼子酱、哈根达斯雪糕、各种芝士和蛋糕等供旅客选择。航空食品公司根据航程长短可分别提供小吃、快餐、中餐、西餐等多种类别。下面以一顿正餐为例向大家介绍机上为头等舱乘客服务的供餐流程，如图8-22所示。

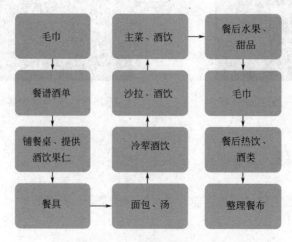

图8-22　头等舱供餐流程

一、餐前准备

1. 热毛巾服务

供餐前先为两舱乘客提供一条热毛巾,以示准备开餐,并与乘客进行良好的沟通。将毛巾用分装在独立器皿呈现给乘客。头等舱乘务员提供小毛巾的方式如图8-23所示。

图8-23 头等舱乘务员提供小毛巾的方式

2. 提供餐谱、酒单

提供餐谱时,主动介绍当日主菜以供乘客选择,如图8-24所示。

图8-24 头等舱旅客利用IPAD点餐

3. 铺桌布、提供餐前酒水

(1)铺桌布的要求。协助乘客打开小桌板,将桌布展开铺平,尽可能一次到位,如不平整,拉动四角稍加整理,以不影响乘客为宜。

(2)提供餐前酒水。沿着乘客的右侧依次摆放餐前饮料、小吃和餐巾纸(图8-25)。

图8-25 头等舱铺桌布、提供餐前酒水动作

4.摆放餐具

摆放餐具共有两种方式：一种是刀叉包整体呈现，放在桌面右侧；另一种是打开刀叉包，以桌面边缘为界限，左侧叉，右侧刀依次摆放。摆放动作要求位置准确、一步到位，面包盘和黄油碟摆放在左侧上方，小型胡椒盅、盐盅、牙签盅摆在桌面正上方边缘处，如图8-26所示。

摆放餐具时要求动作娴熟、轻柔、一次到位，尽量避免在桌面上反复调整或脱落失手。

图8-26 摆放餐具

二、上餐流程

1.面包、汤

（1）面包

面包含有蛋白质、脂肪、碳水化合物、少量维生素及钙、钾、镁、锌等矿物质，口味多样，易于消化、吸收。在全套西餐进食中面包是不可缺少的食品，它贯穿始终。西餐吃面包的方法，是用手一块块撕下送进口中。机上配备的面包种类繁多，可充分满足不同口味的乘

客。下面向大家介绍机上正餐所提供的面包。面包提供方法如图8-27所示。

- 牛奶农夫包（milk farmer roll）。
- 芝麻扭纹包（sesame twist roll）。
- 芝麻包（sesame twist roll）。
- 小圆包（soft roll）。
- 燕麦包（oat meal bread）。
- 法式面包（french roll）。
- 娄根包（lou gen roll）。
- 斯堪麦包（scandinavian rye roll）。
- 蒜蓉面包（garlic bread）。

(a)

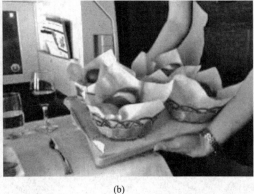
(b)

图8-27　面包的提供方法

（2）汤

西餐中的汤大都口感芬芳浓郁，有很好的开胃作用。一般来说，汤是西餐的"开路先锋"，只有开始喝汤时才算开始吃西餐。常见的汤有白汤、红汤、清汤等。航空公司根据乘客需求有计划地定期更换汤的品种，下面向大家介绍几款具有代表性的，如图8-28、图8-29所示。

图8-28　花旗参炖鸡汤（Ginseng Chicken Soup）

图8-29 芦笋奶油汤（Asparagus Cream Soup）

① 中式汤
- 清补凉汤
- 银耳雪梨炖排骨汤
- 花旗参炖鸡汤

② 西式汤
- 奶油蘑菇汤
- 奶油南瓜汤
- 芦笋奶油汤

2. 冷荤盘

一般来说，西餐所谓的头盘就是开胃菜，冷头盘多为鹅肝酱、鱼子酱，热头盘是昂贵的熏鲑鱼或香草牛油焗蜗牛，如图8-30所示。如果是鹅肝酱或是鱼子酱则要搭配白葡萄酒。头盘冷菜搭配的酒都以简单、清爽、开胃为首选要素，可以是简单的香槟、起泡葡萄酒，也可以是干白，如果头盘冷菜里有红肉类荤食，则更适合选择清爽开胃、较浓郁一些的Rose粉红酒。

图8-30 头盘菜冷荤

3. 沙拉

沙拉是一道开胃菜，机上所提供的沙拉浇汁有以下几种。

- 凯撒汁（Caesar Dressing）。
- 千岛汁（Thousand Island Dressing）。
- 法汁（French Dressing）。
- 日式柚子汁（Japanese grapefruit dressing）。
- 意式香醋汁（Italian Balsamic Dressing）。

4. 主菜

开胃冷菜结束后提供的主菜，是整个供餐中最重要的一道程序。主菜有3种热食可以选择。乘务员根据乘客的需求进行配备。配备主菜共有以下两种操作方法。

（1）份摆方式　用9寸盘，从左到右、从浅到深的顺序配备摆放，如图8-31所示。

(a) 新加坡肉骨茶　　　　　　　　　　(b) 德式烤肉拼盘

图8-31　份摆方式

（2）盖浇式　用9寸盘，主菜放在盘子中间，将配菜放在主菜上面或周围，最后将浇汁洒在上面。

- 牛柳（Beef Tenderloin）
- 小洋葱汁（Shallot Sauce）
- 黄油芦笋（Butter Asparagus）
- 扒红椒（Grilled Red Pepper）
- 烤土豆花（Duchess Potato）
- 芝士煎鲈鱼（Seabass Picatta）
- 黑橄榄番茄汁（Black Olive&Tomato Sauce）
- 香草蛋面（Herb Egg Noodles）
- 回锅肉（Stir-fried Boiled Pork Slices In Hot Sauce）
- 芦笋红根（SauteedAsparagus&Carrot）
- 米饭（Steamed Rice）

- 豉汁鸡块（Stewed Chicken&Black Bean Sauce）
- 红椒黄西葫芦菜心（Grilled Red Pepper Yellow Zucchin&Veg）

5. 餐后水果和甜品

乘客用过主菜后需要清理餐桌，桌面上只留下一副刀、叉及勺和酒杯。

西方人习惯饭后食用甜品和水果等，品尝奶酪的同时常与干红葡萄酒相匹配。

下面向大家介绍航班上配置的几种甜品。

（1）水果　水果（fruit）如图8-32所示。

图8-32　水果

水果是饭后提供的一道甜品，多数乘客喜欢用过主菜后，品尝一些新鲜水果，使口腔清新。航空公司按照西餐的习惯，为乘客准备了丰富、时令、新鲜的水果，深受乘客的欢迎。

① 水果种类，以时令为主。

② 配置水果通常使用7寸盘。

③ 水果篮。

（2）奶酪　奶酪（cheese）如图8-33所示。

(a)

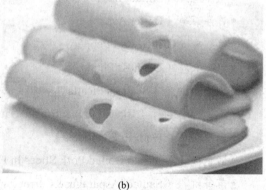
(b)

图8-33　奶酪

① 种类
- 埃丹干酪（Edam Cheese）
- 卡门塔尔干酪（Carnembert Cheese）
- 切达干酪（Cheddar Cheese）
- 蓝纹干酪（Blue Cheese）
- 蒜味奶酪（Gallic Cheese）

② 奶酪配料
- 西梅/杏脯（dry prune/dry apricot）
- 什锦果仁（mixed nut）。

③ 提供方式。每一种少许，装在7寸盘内，同时与红葡萄酒搭配，如图8-34所示。

(a)

(b)

图8-34 奶酪提供的方法

（3）蛋糕　蛋糕是一道不可缺少的甜品，其切割方法如图8-35所示。

(a)

(b)

图8-35 蛋糕供应

① 航空公司机上配的蛋糕有多种，每隔一段时间会调整更新。
② 使用7寸盘，蛋糕勺和一把餐刀同时配备。

6. 餐后热饮、酒类

"咖啡"一词源自希腊语"Kaweh",意思是"力量与热情"。喝上一杯醇香四溢的热咖啡是一种美好的享受。多数乘客习惯用完甜品后饮一杯浓郁香醇的热咖啡或热茶,有的乘客喜欢选择饭后甜酒。

① 在提供饭后热饮之前首先清理桌面,留下一把小勺。

② 提供咖啡的样式有:黑咖啡、咖啡+伴侣、咖啡+伴侣+加糖、咖啡+糖。

③ 提供的茶的种类:绿茶、花茶、普洱茶、菊花茶。

④ 提供的酒类:樱桃利口酒、奶油利口酒、薄荷利口酒、咖啡利口酒。

开启香槟酒的方法如图8-36、图8-37所示。

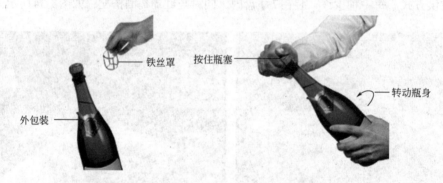

图8-36　开启香槟酒的方法一——徒手开瓶法

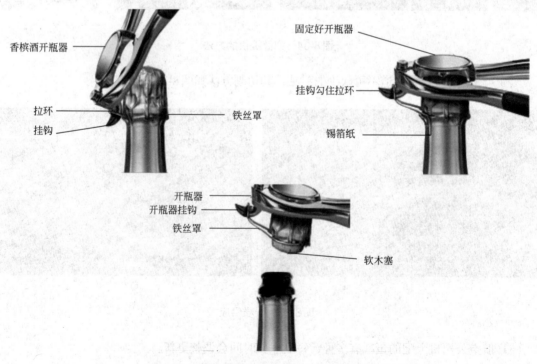

图8-37　开启香槟酒的方法二——开瓶器开瓶法

（1）将瓶塞处的锡箔沿绳结去除，检查瓶塞与酒瓶铁丝是否紧密。
（2）用餐巾盖住瓶塞，小心拧开铁丝罩，按住瓶塞并倾斜30～45°，以免泡沫溢出。
（3）转动瓶子并轻轻拔出瓶塞。用餐巾将瓶颈擦拭干净。

提供香槟酒的温度。香槟酒的饮用温度在6～9℃；准备工作同白葡萄酒，需要冰酒过程。

葡萄酒的提供方法如图8-38所示。将餐巾对折成正方形作为垫布，露出酒标，面对乘客站位成45度，左手中指和食指托住瓶底，右手虎口朝下托住酒瓶上部，手臂略向前伸展，请乘客确认酒标。

图8-38 葡萄酒提供方法

三、餐后清理

① 清理桌面。
② 协助乘客收起小桌板。

传说中的头等舱餐食到底是怎样的

第五位：国泰航空头等舱

国泰航空头等舱的餐食是由文华东方酒店提供的。每个月，国泰航空都会收到由文华东方酒店明星厨师提供的全新菜单。这个菜单会一直更新，菜品都是从每个城市的文华东方酒店中选出的最受欢迎的菜式。例如，焖烤鸡胸肉搭配白豆这道菜式是美国旧金山市文华东方酒店的头牌菜，如图8-39所示。

第八章 贵宾客舱服务接待

图 8-39　国泰航空头等舱餐食

第四位：维珍航空头等舱

维珍航空头等舱餐食中的这道泰式牛肉沙拉是想在空中享受美味健康食物的人们的最佳选择如图 8-40 所示。这道菜是由英国著名厨师 Lorraine Pascale 创造，牛肉和烤松子搭配泰式辣酱很是开胃。

图 8-40　维珍航空头等舱餐食

同时，维珍航空自诩能在飞机上让您体验英国生活。当您乘坐白天的航班，您就能接受乘务员为您提供的英式早餐。三明治、蛋糕、果酱和奶油烤饼，还有一杯正宗的英国早餐茶。旅途，往往是从飞机上开始的。

第三位：全日空航空头等舱

作为日本的航空公司，全日空能提供他们最为自豪的正宗日本料理。但是最让人迷醉的是那道甲羅焼き（在蟹壳上放置食材然后放在火上烤的料理），不仅仅是这个独特的名字，而是因为它的配料跟一般的甲羅焼き不一样，完全就是异国情调了，如图8-41所示。

图8-41　全日空航空头等舱餐食

第二位：夏威夷航空头等舱

在夏威夷航空的头等舱旅客能品尝到独特的亚洲和北美洲混合的美食，这也正是夏威夷食物的特色。厨师 Chai Chaowasaree 是深谙此道的人。一道特殊的菲律宾牛肉咖喱已经是被各大美食家传唱至今的航空美食，如图8-42所示。除此之外不能错过的还有那道炖牛尾。

图8-42　夏威夷航空头等舱餐食

第一位：新加坡航空头等舱

在新加坡航空的航机工，用纪梵希的餐具和水晶杯吃饭已经不是新鲜事了，作为将航空行程提升到一个新的层面的新加坡航空，他们最大的特点是允许客人进行自定义点餐。在上飞机前，客人可以随心所欲写出想吃的菜单交给厨师。有了这一项服务，客人可以在空中吃到任何想吃的，甚至是一些从来没试过的航空餐，如图8-43所示。

图8-43　新加坡航空头等舱餐食

课后思考题

1. 试谈谈国外航空公司头等舱的最大特色是什么？
2. 为什么说国内航空头等舱销售较为冷清？
3. 乘坐中国国际航空头等舱有何延伸服务？
4. 简述空乘人员航前准备会的内容。
5. 空中实施阶段，细微服务都包括哪些内容？
6. 简述两舱供餐流程。
7. 开启香槟的正确方法？

第九章

机场贵宾接待服务创新

> **学习目标**
>
> 1. 熟悉机场贵宾服务创新发展的基本路径；
> 2. 掌握机场贵宾服务业务发展创新策略；
> 3. 了解并掌握机场贵宾服务商业模式创新措施。

随着国内社会经济的发展，人民群众生活水平日益提高，经济商务活动日趋活跃，人们出行更加追求便捷、舒适和温馨的个性化服务。面对民航旅客的新变化、新特点、新要求以及近几年高铁迅猛发展的竞争压力，发展贵宾服务业越来越受到国内机场，特别是中大型机场的高度重视，并成为打造机场服务品牌，推动民航强国建设的重要举措。本章详细介绍了机场贵宾服务创新发展的基本路径，在此基础，进一步提出机场贵宾服务业务发展创新策略，机场贵宾服务商业模式创新措施等。

第一节 机场贵宾服务创新发展的基本路径

目前，国内已成立的贵宾服务委员会会员机场总数已达36家，覆盖了全国主要机场，贵宾服务业在民航运输事业全面和谐发展中，其地位将越发凸显。以科学发展观为指导，以转变经济发展方式为主线，贵宾服务业突出个性化服务、精细化经营、人性化管理，是做大做强机场贵宾服务业，实现机场又好又快发展，实现从民航大国向民航强国转变的基本路径，必须强化认识，相互兼顾，协调发展。

一、个性化服务是贵宾服务业的发展方向和拓展空间

个性化服务是机场规范化服务向高层次、深层次发展的产物，也应是民航在激烈交通服务业竞争中彰显特性优势，坚持发展方向的重要内容和拓展领域。个性化服务是源于标准而高于标准的服务理念；是对服务标准的柔性提升；是于细微之处彰显尊贵、温馨的服务体验；是服务过程中实现良性互动的助力器。选择贵宾服务的旅客寻求的是便捷性和舒适性，统一到个性化服务就是根据顾客多样化的需求提供细致周到的服务。

1. 以灵活服务与超常服务让旅客满意

灵活服务与超常服务是建立在换位思考上的个性化服务，难度体现在对"灵活性""超常性"度的掌握上。很多要客贵宾由于出行频繁，时常把在机场贵宾室的时间作为短暂放松。这就要求提供必要的商务设施，更要求在无碍安全和其他旅客合法权益的前提下，尽量满足旅客合理的特殊需求。一位旅客很疲倦地坐在沙发上小寐，是否应该按照常规服务程序不断去添茶倒水？答案显然是否定的，此时旅客需要的灵活服务与超常服务只是安静休息。因此，在员工培训中，必须包含应变能力和服务技巧的传授，要让员工学会站在旅客立场上考虑，而不能片面强调程序。

2. 以细节服务与超值服务让旅客感动

细节决定成败，给予旅客超出期望的服务，也是对贵宾服务业自身发展不断寻求突破的过程。细节服务与超值服务很难通过作业指导书白纸黑字地传递给岗位员工，既需要员工在工作实践中做有心人，也需要管理者做引路人。如南京机场贵宾厅服务员小尹总会在进入电梯前提醒穿高跟鞋的女士"小心脚下"，避免走得太急鞋跟卡进电梯门槛的缝里。这原本是作业指导书中没有提及的，却在基层管理者的正面宣扬下成为每位员工自觉关注的细节，一句简单自然的提示让宾客倍感温暖。

3. 以情感服务与特色服务让旅客惊喜

所谓情感服务就是在服务的过程中突出真情的投入，不把客人当"上帝"敬而远之，而把客人当"亲人"亲而近之，让客人有一种"家"的感觉，精髓在"真诚"二字。特色服务与情感服务不能脱轨，没有投入真情考虑旅客需求而挖空心思炮制的噱头只能称为"花招"。国内某机场贵宾服务公司在冬季开展"冬衣寄存"服务，在传统佳节为旅客呈上节日食品或小礼物营造节日氛围，收到出行预约提前告知旅客前方站天气情况等，这些小小的特色服务正是通过因时制宜、因人制宜让旅客获取精神享受，从而赢得旅客的认同感，打造出服务精品。

二、精细化经营是贵宾服务业发展的根本路径和关键

在商务贵宾日益增长的今天，贵宾服务已经成为机场新的经济增长亮点，精细化经营正是贵宾服务业赢得市场的利器。

"精细化"是一种精益求精的文化。精细化经营需要对原有发展模式进行深入反思,高效整合各种内部资源,同时以"精耕细作"的方式分解市场类型进而占据市场份额。

1. 以竞争意识实现经营目标精细化

目标需要不断地被细化,目标设计得越具体越细化,越容易实现。经营目标精细化既包含明确整体经营目标数据,也包含对任务进行逐层分解后指标落实到岗到人;制定精细化整体经营目标,有利于激发经营团队的竞争意识,外拓市场;目标精细化至个人,有利于激发岗位人员的竞争意识,形成内部竞争机制。南京禄口机场贵宾服务公司每年都与经营部门负责人签订责任目标书,而部门与岗位员工也会逐层签订目标责任书,以分解指标责任包干的方式激励经营部门人员积极性的发挥。

2. 以创新意识实现经营手段精细化

经营手段精细化体现在提供产品的多元化和丰富化,这个过程也正是创新意识不断迸发所积聚的。经营手段精细化中,"精"是经营管理的关键环节,"细"是关键环节的主要控制点。贵宾服务的经营必须"走出去",针对贵宾的不同需求提供不同的产品。目前,国内一些机场贵宾服务公司创新推出了个人卡、团体卡、会务接站、影视拍摄、公务机保障服务等多种类型的产品,并设置了客户信息跟踪制,及时按照客户需求调整产品内容。

3. 以服务意识实现经营效率精细化

经营效率是评价经营工作的"金标准",只有在经营的过程中时刻保持服务意识,才能持久提升经营效率。与客户完成交易并不意味着经营部门的服务结束,而是新的开始。国内某些机场贵宾服务公司针对大客户采取登门拜访的方式了解客户的潜在需求,每次登门拜访都有专人做文字回访记录,问题和意见及时传达至各科室相关人员,进一步提高保障水平。如客户续卡时间将至,工作人员以短信方式及时提醒,避免冒昧电话打扰。

三、人性化管理是贵宾服务业稳定队伍凝心聚力的根本

人性化管理具有教育化、情感化、民主化、自主化、规范化等特点。贵宾服务业管理者应运用综合方式开展工作,实现员工个体与企业整体的协调发展、共同成长。

1. 以"先教育后考核"培养员工责任心

在实现人性化管理基础上,必须强化刚性考核制度,确保责任落实到人。必须明确的是,考核的目的是教育,被考核的员工口服更要心服。这要求基层管理者避免采取简单粗暴的考核方式,考核前先与员工做充分沟通,让员工认可被考核的原因,杜绝类似情况再次发生。"先教育后考核"对于培养员工自发的责任感有着不可替代的作用,有利于在部门内部形成彼此信赖的氛围。

2. 以"做标杆学榜样"树立员工自信心

建立长效激励机制能够调动员工的激情,学榜样正是给员工的最好培训。例如,机场贵

宾服务公司可以定期组织"比学身边先进、争做服务明星"座谈会，让年轻员工认清光明的前景和美好未来，力争让他们在工作中体验到自己价值的实现，从而发自内心的喜爱自己的工作。还可以设督察员担任"星探"，在日常工作中发现"服务明星"，充分给予表扬肯定，让广大员工感受到榜样就在身边，树立"我也能做标杆"的自信心。

3. 以"温心工程"激发员工归属心

员工是企业最宝贵的财富，培养出优秀的贵宾服务人员更是不易。针对年轻员工思想波动较大，不切实际的想法较多等现状，机场党支部、分工会、团支部必须凝心聚力，共同搭建"温心工程"，激发员工归属心。机场贵宾服务公司通过个别谈心、组织外出参观学习、开展适合年轻人特点的文体活动等形式，掌握员工思想脉搏，及时疏导消极情绪，让爱机场干事业成为员工共奏的主旋律。

第二节
机场贵宾服务业务发展创新

一、运用收益管理重塑目标客户

目前，国内包括北京首都国际机场在内的多数运输机场，其商业模式存在的目标客户群体均以机构目标客户为主，群体数量较小且呈现下降趋势，产品定价较高，持续盈利能力不足等问题，因此首先需要考虑通过扩大目标客户群体和调整消费对象人群。可以尝试运用收益管理的定价机制，就如何重新定义目标客户范围并确保公司持续盈利提出具体解决措施。

一个商业模型通过合理的定价，销售可以转化成收益，成本得到回收，企业所有者获得创造出来的价值。一个好的商业模型能够回答彼得德鲁克的老问题：谁是消费者？什么才是消费者看重的？它同样能够回答服务管理者的问题：我们怎样才能在这个行业中赚钱？

服务行业的定价通常比较复杂，因为它不涉及服务的所有权问题。定价主要依据支付的成本、面临的竞争和顾客获得的价值三个因素，其中回收成本是服务产品的最低价格，而顾客感知的产品价值则是最高价格，服务产品当前的市场竞争状态决定合理的价格应在最低价格和最高价格之间的那个范围。对于顾客而言，他们支付的成本除购买服务的费用外，还包括各种非财务性支出，如时间成本、体力成本、心理成本、感官成本等。图9-1中描述了一位顾客从长沙到北京选乘出行方式的决策过程。可以看出，每种出行方式的费用不同，要求的时间和精力方面的成本也不相同。基于该顾客的优先权衡，非货币成本可能与货币成本一样重要，甚至比货币成本更为重要。

高铁（二等座）： 价格 649元 车程 近7小时 车次 每天16班次，发车时间从8:00 -17:00 候车时间：提前15分钟到站检票即可。	飞机（普通座）： 价格 600～1000元不等 航程 2小时 班次 每天从7:30 - 凌晨12:00 共有20多趟航班 候机时间：提前2小时检票候机。	飞机（公务舱）： 价格 1400～2900元不等 航程 2小时 班次 每天从7:30 - 凌晨12:00 共有10多趟航班 候机时间：提前35分钟检票候机。

图9-1　货币成本和非货币成本比较

收益管理是一个强有力的工具，根据不同的市场群体的价值观点与支付能力对他们区别对待，并按照不同的需求等级定价，使公司的收益最大化。因此，可以尝试利用收益管理的思维和方法，对国内机场贵宾公司的目标客户重新设定。

长期以来，国内机场贵宾高度关注提高顾客感知度，为顾客提供尊贵、便捷、愉悦的服务体验，价格门槛较高，将目标客户锁定在顶级高端服务群体（群体人数比例仅占机场旅客运输量的1%），这如同图9-1中所列举的飞机（公务舱）的例子，提供高品质服务、制订高价格、获得高收益。随着国家政策的调整和经济形势的变化，该群体的贵宾需求量出现大幅下滑（年贵宾接待量较年下降对收入影响较大，资源和服务能力也出现过剩），此时，贵宾公司能否同时提供其他可供选择的服务呢？

国内外研究表明机场顶级高端旅客约占旅客运输量的1%（使用商务贵宾服务），两舱旅客约占3%（使用航空公司两舱服务），不同层次旅客呈金字塔形分布。位于金字塔上层的高端旅客具有消费能力强、出行频次高、对差异性服务需求明显等特征，是机场贵宾及各大航空公司主要的利润贡献者。在全球范围内，金字塔尖端的高端旅客均享受航空公司的两舱服务。但两舱机票价格大体是经济舱全价票的2～3倍，悬殊的价格差距使得部分有能力购买两舱机票的中端旅客退而选择经济舱。这部分旅客是航空公司地面服务的盲点，但其本身对出行的便捷度和舒适度要求较高，对高性价比的出行服务产品需求强烈。根据香港环亚机场贵宾室管理有限公司调查数据，具备一定经济实力，能够付费使用机场贵宾室的中端旅客占民航旅客运输量的10%（不含头等舱）。预计到2019年，我国民航旅客运输量将达到6.75亿人次，10%的目标市场将达6750万人次。按人均价值100元计算，国内目标市场规模就有67.5亿元。

通过以上分析，贵宾公司可运用收益管理的定价机制，重新定位目标客户群体和构筑新的赢利模式。目前，贵宾公司制定较高的价格篱笆，目标客户群体仅占机场1%的旅客吞吐量。如果适当降低价格门槛，按照当前的市场潜力估算，目标客户群体数量势必大幅增长。因此，贵宾公司应调整定位，将目标客户定位于中高端旅客，通过制定阶梯性价格和提供差异化服务，在保留原有顶级高端客户的基础上向下延伸，最大限度地扩大消费群体。（当然，具体定价需依据市场调研情况确定，并与未来可接待服务人次和公司资源产能情况高度相关，在此不做具体分析阐述。）与此同时，虽然价格调整造成单次服务利润的下降，但服务人次的提升能够确保整体收入和利润的增长。此外，非贵宾服务类产品的开发，也能够增加新的收入和利润点，使收入和利润不再完全依靠主营业务产品。当然，不同的机场和贵宾服务公司受资源条件的限制，不太可能同时针对中端、高端和顶端客户分别制定不同的产品，提供差异化服务，而应结合自身实力，有的放矢，量力而行。

二、战略发展方向

机场贵宾服务公司是为进出机场旅客提供商务旅行服务的专业公司，其在短、中、长期的发展目标和市场定位如下。

1. 近期重点

发展与航空公司关系，全面提升两舱服务水平。
① 巩固发展航空公司客户群。
② 引入航空公司两舱服务标准及运营服务流程，加强人员培训提升服务水平。
③ 寻求承包航空公司承租贵宾室的可能性。

2. 中期

大力拓展低端卡类市场，建立低端市场品牌。
① 提高资源使用效率。
② 持续创造现金流量。
③ 支持企业可持续发展。

3. 远期

发展高端市场，着力发展高端商务旅行品牌。以两舱旅客市场为依托，以前期所建立的服务口碑为基础，逐步拓展高端市场，建立高端商务旅行品牌。

当然，上述战略发展方向的提出基于以下理由。

1. 符合对机场全面提高旅客服务水平的要求

商务旅客是航空旅客市场中极为重要的细分市场，各个航空公司均将这一细分市场作为其目标市场，并以此形成了骨干航空公司的主要赢利模式。为契合航空公司这一运营模式需求，同时为平衡贵宾室需求与供给之间的矛盾，浦东机场采用了以基地航空公司和联盟为租赁主体的贵宾室分配模式，这一分配模式在满足商务旅客航空旅行服务需求的同时，最大限度地保证了基地航空公司和联盟在服务竞争方面的差异性。对于其他中小航空公司或非联盟成员航空公司承运的商务旅客航空公司服务需求，则需要通过引入第三方服务来满足这部分需求，而上海国际机场贵宾服务公司的一项重要使命就是通过"补缺"的市场定位，来满足这部分服务需求。

与世界上大型枢纽机场相比，国内机场还没有建立起差别于大多数机场的"标志性"贵宾室，在当前国内机场基地航空公司尚处于发展初期的状态下（根据Skytrax对全球贵宾室的排名，位列前十位的贵宾室均是由基地航空公司在其基地机场所设立的），通过提升贵宾公司专业化运营水平和改善硬件条件从而构建独属于机场的"特色"贵宾室,为进出机场的商务旅客提供服务将有利于提高机场的吸引力,为枢纽建设做出贡献。

2. 符合当前机场贵宾服务市场竞争要求

从当前机场贵宾服务市场格局来看,已形成以基地航空公司和联盟贵宾室为主体,贵宾服务公司为辅的市场状态,前后两者通过客户群的区分实现共存。但是,随着航空公司运输市场联盟化趋势的不断强化,作为专业贵宾服务供应商的贵宾公司,如果仅仅维持"补缺"的定位,未来的发展将不得不面临市场"瓶颈",因此,寻求传统两舱以外的目标市场势成必然。而从贵宾公司当前所拥有的"核心能力"来看,以往依赖于特别通道的核心优势已逐步削弱,同时,基于服务本身的核心能力却还没有形成。与基地航空公司和联盟争夺市场份额绝不是该业务的出路,贵宾公司的出路是与基地航空公司和联盟进行差异化的竞争,即通过市场细分,开发独属于贵宾公司的细分市场,并通过与航空公司提供差异化的增值服务而实现业务价值的持续提升。考虑贵宾公司当前核心能力的缺失以及过往经营低端商务旅客市场所积累的经验,应在中短期内大力发展低端卡类商务旅客市场,建立自身的低端商务旅行品牌,采用"薄利多销"的方式,以提高贵宾室资源的使用效率,并为公司的日常运营提供稳定的现金流量,实现业务的可持续发展。

另外,从非基地航空公司对机场贵宾服务的需求来看,各外航提出拥有自己的贵宾室的主要原因是来源于对机场当前贵宾服务业务运营管理水平的质疑,而从各外航运营贵宾室的实际要求来看,一家外航要真正在机场运营自己的贵宾室也需要投入很大的成本和管理精力。因此,如果机场可以提供"替代服务产品",相信这部分需求将会被大幅度压缩。正是基于这一考虑,在中短期内,贵宾公司应寻求整体承包航空公司或联盟贵宾室的可能性,即利用贵宾公司现有资源,与航空公司或联盟成熟系统的运营管理体系相结合,在满足各航空公司服务需求的前提下,为航空公司或联盟提供一揽子服务,从而获取两舱旅客的市场份额。

3. 这一战略发展方向也符合机场发展战略的要求

中低端市场的拓展只是中短期内的发展目标,因为中低端市场由于其市场规模较大,必然要求机场投入更多的贵宾资源以及服务人员,将会进一步强化贵宾公司劳动力密集型的特征。首先,中低端商务旅客市场对价格的敏感性较高,随着航空旅行成本的持续上升以及机场旅客吞吐量增长而导致的贵宾室资源的紧张,这一市场定位将会进行调整。其次,站在机场非航业务发展的整体高度来看,中低端旅客的候机时间如果大部分被消耗在贵宾室内,将不利于商业零售及餐饮业务的价值提升,因此,中低端市场的"薄利多销"模式只能是贵宾公司中短期内所采用得"生存"方式,而不是"发展"方式。基于以上考虑,贵宾公司的远期发展目标是充分利用与各航空公司和联盟的协作关系,通过差异化服务大力发展高端商务旅行市场,并建立自身的高端服务品牌,以从根本上解决业务的可持续发展问题。而这种短、中、长期的战略安排将最大可能地保证贵宾公司在向高端市场转型的过程中获得相应的资源和企业运营的必备条件,从而为机场非航业务价值提升做出重要贡献。

三、业务创新策略

1. 经济和社会价值定位

贵宾公司当前的业务由两部分构成：一是为要客提供进出港服务；二是为商务旅客提供贵宾室休息及接送机服务。前者属于保障性业务，后者属于经营性业务，而从价值贡献的角度来看，前者更多的是贡献了社会价值，后者更多的是贡献了经济价值，两者从表象上来看似乎是矛盾的。但如果把要客业务界定为机场作为公共关系管理而应该支出的成本，把经营性业务作为价值提升的重要手段的话，两者就可以统一到一个价值衡量尺度上来。

在上述认识下，在具体的运营管理活动中，可以在组织形态上以及预算管理方面对两者进行分别界定，将会有利于两项业务的协调发展，同时，通过建立贵宾公司统一的信息调度平台，也可以充分发挥保障性资源（场地资源、人力资源及采购资源等）和经营性资源的协同效应。

2. 业务产品组合

（1）中短期

- 立足于两舱旅客市场的产品组合：根据各航空公司的需求，提供：① 贵宾室休息（含委托经营）；② 贵宾室休息＋全程引导/接送机；③ VVIP一站式服务（图9-2、图9-3）。
- 立足于低端卡类旅客市场的产品组合：贵宾室休息。
- 立足于高端商务旅客市场的产品组合：VVIP一站式服务。

图9-2　航空联盟专属贵宾休息室

图9-3　综合性的高端旅客贵宾室

（2）远期

- 立足于两舱旅客市场的产品组合：① 计时宾馆休息；② 计时宾馆休息＋接送机。
- 立足于高端商务旅客市场的产品组合：VVIP一站式服务、与区域其他高端商务旅行服务产品对接以及与国内其他机场高端商务旅行产品对接。

3. 业务模式和竞争模式

鉴于国内诸多贵宾公司核心能力缺失的现状，对中短期内的业务模式提出以下建议。

- 现场运营管理环节：与外部专业运营商合作，如环亚机场服务公司、德国汉莎、维珍等航空公司，通过引入专业运营商的运营管理体系，争取在中短期内提升公司的运营管理水平。
- 营销管理及销售管理环节：与专业的营销策划机构合作，打造两舱服务和低端商务旅行品牌，以此为基础，拓展自身的营销网络，并考虑与销售机构合作，按照营销方案的要求推动销售。
- 保障性业务：自营。

根据远期进入高端商务旅行市场的安排，贵宾公司可以通过与专业营销策划机构合作，共同拟定高端商务旅行市场的营销策划方案（市场调研、产品设计、营销渠道、价格管理以及相应的促销策略和品牌形象构建，同时考虑建立客户关系管理系统，为高端商务旅客提供定制化服务）。方案确定后，贵宾公司应依托中短期已开发的航空公司两舱市场和自身积累的客户资源，逐步开发高端商务旅行市场，实施业务转型。在这一构想下，如果转型成功，则可以考虑未来退出低端卡类旅客市场运营（如外包给第三方，但市场网络及低端卡类品牌仍由贵宾公司控制），同时，通过与高端商务产品运营商的战略合作，共同开发高端商务旅行市场。

第三节 机场贵宾服务商业模式创新措施

一、基于市场导向设计服务产品

国内机场贵宾现有商业模式中服务产品面临的最大问题是"冠名费服务费"和"会籍费服务费"的产品模式已不能满足和适应市场的需求。例如，三大电信运营商已逐步终止与机场贵宾室的冠名合作，预计未来银行业为降低成本，提高盈利能力，也将取消对机场贵宾厅的冠名合作，"冠名费服务费"的产品模式将逐步消失。贵宾卡业务由于产品单一，也不能支撑贵宾公司长久发展。为解决这些问题，国内机场贵宾公司应在丰富产品类别，满足客户多元化需求以及发展自有客户等方面挖掘潜力，可以从延伸服务价值链和提供差异化产品组合角度提出具体创新措施：

1. 延伸服务价值链

目前，国内机场贵宾公司的两大类产品贵宾服务和嘉宾服务均以"休息室快速通道"为核心内容，在旅客候机休息的过程中，也只能享一杯茶、一杯水的服务，尚不能满足顾客多元化、个性化的服务需求，这与世界大型枢纽机场相比尚有较大的差距。根据对全球贵宾室的排名，位列前十位的贵宾室均由基地航空公司设立，其特色服务大大提高了机场对商务旅客的吸引力。以荷兰史基浦机场为例，其贵宾服务品牌化发展战略为基地航空公司创造了强劲竞争优势，并使机场非航收入最大化。在国内的广州白云机场贵宾公司，前些年已经开始了多元化商旅服务尝试，已取得了一定成果，并在这一发展方向上走在国内机场贵宾公司的前列。

对于国内许多机场贵宾服务，其行业性质与全球前列的机场贵宾类似，资源条件甚至更优，完全有条件开展此方面的业务转型。根据客户调研，国内中高端旅客的需求主要包括以下内容：便捷的信息查询需求，侧重机场信息如值机柜台、登机口、便利设施位置、安检和行李相关规定等；快速地通过安检；舒适的候机环境；舒适的用餐体验；时间位置的提示，如距离登机口及周边商业、便利设施的距离及步行时间；打发无聊的时间需求，有烟民吸烟室、娱乐影音、周边商业、独享高速社交与分享需求如朋友圈、吐槽、分享、小型会议室；大面积延误处理如周边酒店的推送、订车服务等；其他商旅服务如在线订票取行程单、协助办理乘机证明、衣物等小件行李存放。依据客户服务需求，贵宾公司可在原有核心服务的基础上，努力挖掘现有服务效率缺失点，围绕中高端旅客打造"商圈"模式，通过扩大业务内容的覆盖面，进一步提高顾客在机场等待及停留的时间利用率，从而延伸服务价值链。

一方面，按照著名的服务营销学者克里斯托弗洛夫洛克2010年提出的"服务之花"模型的设计，在原有"休息室快速通道"核心产品基础之上，在服务过程中为顾客增加便利服务项目和增值服务项目，从而提高核心服务产品价值。例如，在贵宾室的感官体验上，变"尊贵"为"舒适"，营造优雅舒适的休息环境；完善域服务功能，增加健身、阅读、休闲、娱乐等设施，开通机票预订、误机签转、优先退税、专车接送机等服务；与机场商贸公司进行资源置换，持有贵宾卡的旅客在候机楼购物可享受折扣优惠；针对机场停车费用高的问题，免费在贵宾区提供停车服务等。

另一方面，围绕客户价值缺失点，在机场贵宾服务之外增加其他消费型服务项目，为贵宾旅客提供便利的同时，提高贵宾资源的内在价值。贵宾会员人群的特点是积累了一定的财富，完成了自身价值在社会的体现，拥有一定的社会地位，对生活质量和生活品位有较高要求，他们大都关心如何保持财富增长？如何保持自己和家人身体健康？如何满足自己的兴趣爱好？贵宾公司可以贵宾客户资源为平台，突破现有思维模式，开发生活用品类、健康保健品类、文化收藏类、高端定制旅游等个性化服务品类。例如，开设高档购物商店，可使这些平时忙于公务没有时间购物的高端旅客，在乘机的闲暇之余可以享受惬意的购物体验。初期可采取个性定制营销、展示营销及文化营销等方式开展，后期随着口碑宣传效果的展现，以及客户需求的增长，可逐渐设立专门实体宣传展示店铺。

此外，可借鉴互联网平台战略和赢利模式，利用高端消费人群集中的优势，把同样以这类人群为目标客户的外部商家吸引过来，组织艺术展、顶级车展、艺术品拍卖、品牌宣传等活动，发展会展广告业务，创造更多的收益。同时，可推进与高铁的跨行业整合，通过与国内主要城市的高铁机构合作，从车票预定、机场到高铁站的车辆接送、高铁贵宾休息室休息等方面全面合作，打造"空地一体"的服务网络，最大限度地满足高端商务旅客的服务需求。

2. 差异化产品组合

针对现有服务产品单一且互补性不强的特点，在对中、高端旅客进一步细分的基础上，将服务功能进行多种组合，差异化服务内容对应阶梯式价格，形成由高到低、彼此互补的产品线，从而最大化覆盖客户服务范围。对于政务贵宾，继续坚持"以政促商"的原则，保持顶级高端的服务品质，促进社会效益和服务品牌的持续提升。对于商务贵宾和嘉宾，继续深化企业冠名和会员卡产品，将客户细分为企业会员、顶级旅客、高端旅客、商务旅客等，分类设计产品和服务。吸引企业冠名仍是最快速和最大化提升贵宾公司营业收入的方式，针对有企业品牌宣传和贵宾服务需求的企业客户，结合其实际需求和消费能力，可在现有单独冠名基础上，推出多家合作冠名、长期冠名优惠等产品，降低冠名企业成本压力；同时增加服务内容，提高对冠名企业的吸引力。例如，在首都机场贵宾公司参股的鄂尔多斯机场贵宾公司对于冠名企业，免费为其在贵宾区域的广告刷屏机上投放企业宣传广告，免费在贵宾摆渡车上喷涂企业宣传标识，并享受全国家异地机场的一定数量的贵宾服务，而这些服务内容是其他会员产品所不能享受的。这种排他性或专享性的服务内容对于当地企业产生了很大的吸引力。

对于会员卡产品，可依据对目标客户的细分，将服务内容进行多种组合，根据服务内容的增加和服务档次的提升，相应提高会员费和服务费，如以下商务嘉宾服务产品（表9-1）。

表9-1　商务嘉宾服务产品表

产品内容	服务特点
休息室	服务通畅、周到方便
过检通道	过检顺畅通行
休息室+过检通道	通畅、尊享的嘉宾服务感受
休息室+过检通道+接送机	服务全流程中愉悦、通畅

二、构建网络平台，拓展营销渠道

1. 服务产品网络化

纵观国内贵宾服务市场，市场竞争日益激烈，各方均着眼国内主要机场的网络布局，逐步整合国内机场贵宾服务网络。国内如首都机场贵宾公司较早地意识到了服务产品网络平台的重要性，该贵宾公司通过其"国礼行"网络产品构建了覆盖国内34家机场和国外64家机场的服务产品网络，实现了各机场间市场资源的共享。但是"国礼行"网络产品由于定价较高，异地客户使用量较小；特别是首都机场贵宾公司作为各机场异地服务订单预订和下发的枢纽，仍主要采用人工电话、传真、邮件等传统方式，信息传递的效率较低，也给顾客使用带来不便；再加之销售方式单一，推广力度不够，并未达到预期的效果。

虽然当初的产品网络搭建未取得预期效果，但并不意味着当初的决定是错误的。当前形势下，快速搭建机场贵宾服务产品网络，不仅是支撑贵宾公司未来发展的重要举措，也是贵宾公司转变发展方式、调整业务结构的重要手段。结合当前行业的发展情况，贵宾公司应在调整产品定位和价格的基础上,利用资源优势,依靠原有服务网络,继续加大对国内外机场贵宾资源整合,提高业务产品覆盖范围。同时,通过自营、合作、加盟、服务采购等形式,着手开展两舱嘉宾市场的服务网络搭建。并通过与高铁、港口等贵宾休息室的合作,最终打造国际机场与国外机场之间、国内机场与机场之间、机场与高铁、港口之间水陆空一体化的全球贵宾服务网络平台。

搭建全球贵宾服务产品网络,符合经济全球化的发展趋势,站在全球机场贵宾服务的市场参与全球化的市场竞争,使贵宾公司在为客户提供更为丰富快捷的服务内容的同时,也可以加快推进贵宾公司的市场化、国际化转型,快速提升品牌影响力和市场竞争力。此外,在与国内外机场贵宾服务机构进行合作时增强了谈判筹码,有利于对机场贵宾服务网络的进一步整合。

2. 营销渠道网络化

再好的产品,如果不符合顾客的消费习惯,不能快速地被消费,最终也不能成功。随着移动互联、电子商务的突飞猛进以及龙腾出行、金色世纪等行业新宠的蓬勃发展,推动贵宾公司业务转型和开启新商业模式的另一个途径就是向"互联网"转型。机场贵宾公司作为传统服务行业,要符合移动互联网时代发展要求和客户消费习惯,就要尝试实现向电商的转型,利用电子网络技术转变和增强业务流程体系,采取线上与线下相结合的营销推广方式加快产品的价值传递,从而为客户创造更大的价值。

在内部业务流程方面,以满足客户需求为导向,加快信息系统升级,实现服务产品从预订、服务、人力、财务等各环节信息的快速传递和资源的优化配置。在线上推广方面,建立功能全面的公司网站,并与上下游网站互动合作打造一体化服务营销网络,将去哪儿的机票预订、携程、途牛的酒店及旅行预订,非常准的航班信息以及易到的租车服务相连接,使机场贵宾服务不再只是机场休息室服务的一个单一环节。同时,利用移动互联网技术和理念,实现服务的在线预订及支付,并即时推送产品的促销及优惠等信息。与知名品牌手机厂商合作,开发贵宾服务,植入其手机系统增加下载量,聚集更多客流量。此外,可与知名电子商务平台合作,比如,在淘宝天猫商城建立专营店,当消费者搜索"机场服务""商旅服务"等关键词时,可以提供的产品信息,推进服务产品的传播和推广。在线下推广方面,以传统的线下推广手段作为线上推广方式的重要补充,如现场宣传、代理商推广及针对性促销等有利于把握已有机构客户,扩大产品的知名度。互联网营销方案如表9-2所示。

表9-2 互联网营销方案

线上推广	
上下游网站	与途牛、旅游攻略、易到、携程、去哪儿、非常准等网站的合作方式: ● 上下游网站采购贵宾产品,用户购买该网站产品即可享受服务 ● 与网站原有的产品形成组合产品,进行捆绑销售,优惠促销
移动互联网	与知名品牌手机厂商合作,将产品APP植入手机系统中,加大APP的下载量
电子商务平台	在电子商务平台(如淘宝、京东等)及航空公司官方网站上出售全球机场商旅产品

续表

	线下推广
现场宣传	在各航站楼内的合适位置,放置产品宣传册、宣传彩页、易拉宝等,采取现场销售,扩大知名度
代理商	通过代理商的捆绑销售、特价优惠、赠送附加服务及惠顾奖励等方式,吸引更多顾客,扩大线下销售
针对性促销	针对贵宾市场现有客户提供多种增值服务,或是优惠赠送、免费体验等,逐步培养出自有会员

三、匹配业务转型,寻求合作伙伴

目标客户的变化、产品结构的调整特别是营销渠道的拓展,对于国内机场贵宾公司是一项重大的战略调整和业务转型。对于从未涉足移动互联领域、从未在市场的大风浪中真正"游泳"的一些传统国有企业来说,前面看似是无限广阔的"蓝海",却潜伏着众多的危机与挑战。但是,这是一场输不起的战争。

如前面所述,国内机场贵宾公司的最突出的优势是对机场贵宾资源的控制力和几十年积累的服务保障能力,最明显的弱势是对新客户资源的整合能力和移动互联网技术的不足以及企业机制的不灵活。党的十八大三中全会指出:"将围绕增强国有经济的活力、控制力、影响力,进一步的解放思想、开拓创新,重点在发展混合所有制经济、完善现代企业制度,推动国有企业科学发展,提高发展的质量和效率,为促进国民经济持续健康发展,全面建成小康社会做出新的贡献。"在当前战略调整和业务转型的关键时期,开展企业改革未必不是一种创新。

无论是搭建服务产品的全球服务网络平台,还是发展电商业务,打造营销渠道网络化平台,都需要大量的资金投入,存在较大的运营风险,同时受到体制机制的限制,单独依靠贵宾公司自身力量难以将互联网技术、全球产品网络和庞大的商旅群体整合起来。为加快推进业务转型和商业模式创新,贵宾公司可考虑引入战略合作伙伴,将部分业务分割,与合作伙伴共同成立合资子公司,实行共同管理,共同投资,风险共担,收益共享。战略合作伙伴的对象可选择携程、艺龙等类型的企业,他们既掌握大量的高端商旅资源,又具有成熟的移动互联网技术,与他们的强强联合必然能加快推进业务的转型,规避初次进入新领域面临的风险。机场贵宾公司可将除政务保障之外的全部商务贵宾服务业务或部分业务委托合资公司经营管理,合资公司按营业收入一定比例向首都机场贵宾公司支付资源使用费,获取利润后按相应股权比例进行分红。表9-3为现有与未来商业模式比较。

表9-3 现有与未来商业模式比较

商业模式构成要素	现有商业模式	未来商业模式
目标客户	国家政府机构，国有大型企事业单位，移动电信、金融、保险行业，私营老板、富商、明星，目标客户占吞吐量的比例约为1%	在现有机构客户基础上，重点发展中高端个人商旅客户，目标客户占机场旅客吞吐量约14%
服务产品	企业冠名、贵宾公务卡、贵宾个人卡、嘉宾个人卡共四个贵宾服务产品，无其他服务内容	企业冠名、大客户合作、多价位贵宾公务卡、多价位贵宾个人卡和商务嘉宾个人卡的多种差异化贵宾服务产品；利用平台优势打造集休闲、购物、餐饮、广告、租车、旅游服务等多元化商圈
营销渠道	服务网络以区域化为主在营销上采用传统的人员推销；服务需要提前电话预定、内部服务单派送、客人手工签字等	构件全球化服务营销网络，参与国际市场竞争；利用"互联网+"思维整合互联网旅游服务公司资源，打造电子商务平台，实施网络营销，实现线上线下交易支付，提高用户消费体验
盈利模式	针对利润率较高的客户群体，主要提供顶级高端服务，控制消费人群数量	针对中高端商旅提供差异化服务，广泛吸收消费群体，薄利多销

? 课后思考题

1. 简述机场贵宾服务创新发展的基本路径。
2. 现阶段机场贵宾业务的战略发展方向？
3. 简述机场贵宾业务创新策略。
4. 如何对机场贵宾业务进行差异化产品组合？
5. 怎样构建机场贵宾业务的网络平台营销渠道？

参考文献

[1] 陈卓. 航站楼旅客服务 [M]. 北京：国防工业出版社，2014.

[2] 马玲玉. 机场要客服务 [M]. 北京：航空工业出版社，2013.

[3] 周为民，杨桂芹，车云月，苗俊霞，刘茗翀. 民用航空服务与操作 [M]. 北京：清华大学出版社，2015.

[4] 洪沁. 民航客舱服务 [M]. 北京：中国民航出版社，2015.

[5] 王芳. 浅谈机场贵宾服务业做大做强的基本路径 [J]. 江苏航空，2011，02：7-8.

[6] 白鹏飞. 首都机场贵宾服务商业模式创新研究 [D]. 北京：北京交通大学，2015.

[7] 王芳，张明等. 我国机场贵宾服务发展战略研究 [J]. 空运商务，2010，03：18-22.